誰でもわかるシリーズ

ズバリ司法書士

合格から開業まで

初瀬智彦
司法書士

労働教育センター

はじめに

司法書士って知っていますか？

多くの人は司法書士とは何をする人かわからないと答えるのではないだろうか。マイホームを買った人は、銀行でローンを組んだときの抵当権の登記や、所有権移転の登記手続きをしてくれた人が司法書士だとわかるかもしれない。

明治時代から「代書人」と呼ばれ、その存在は認められていたが、ただ、その仕事は決して華やかではない職業であったことは確かだ。もともと、市民の代わりに不動産の権利証や訴状等の書面を作るというイメージはあったが、目立つ仕事ではなかった。

しかし、資格が脚光を浴びる時代になったこと、司法制度改革により司法書士の業務範囲が広がったことから、司法書士に関心をもつ人が増えてきた。

この数年の司法書士をとりまく動きを少し見てみよう。

① 2000年4月から、成年後見制度ができ、とくに認知症（痴呆症）の老人等のために

財産管理をするという成年後見業務をすることができるようになった。

② 2003年4月から、簡易裁判所での訴訟や調停等の代理権を、一定の研修、試験合格を要件として、行使できるようになった。

③ この簡易裁判所での訴訟代理権取得をきっかけに、債務整理に関する業務へ積極的に参加するようになった。

つまり、これまでの不動産登記業務、商業登記業務および裁判事務業務に加えて、成年後見業務や訴訟業務が司法書士の業務範囲となり、法律家、とくに「町の法律家」としての認知度が上がってきたのだ。しかし、この認知度の上昇とともに、司法書士試験の受験生も増えている。受験生が増えているということは、資格取得のための司法書士試験難易度も高まっているということだ。

本書は、司法書士の業務の紹介、とくにその前線で働いている人たちへのインタビューを掲載して、できるだけ生の司法書士の仕事を紹介した。

また、難易度が増している司法書士試験に対して、どのように取り組むことが合格へのいちばんの近道であるかを、司法書士であり、かつ、長年、受験の指導をしてきた司法書士の立場から紹介している。

その意味で、本書は司法書士の魅力が紹介されるとともに、その司法書士になるための道のりが示された最適な指導書といえるだろう。

ぜひ、私たち司法書士の仲間となって、司法書士をさらに魅力ある職業としていくことに協力してもらいたい。

司法書士　初瀬智彦

誰でもわかるシリーズ

ズバリ！ 司法書士 合格から開業まで ● 目次

第1章

司法書士のメリット

すぐ開業でき、開業資金が低コスト

司法書士のメリットは、合格後にすぐ開業できるということだ。弁護士の場合は、合格後に必ず一定期間、司法研修を受けなければ開業できないが、司法書士の場合は、試験に合格すれば、司法書士として登録できる資格は付与される。

ただし、まったく司法書士の業務に携わったことのない人は、司法書士の事務所に勤めるなどの実務経験を積んだほうがよいだろう。

また、開業資金が非常に低コストであるということも司法書士のメリットだといえる。開業に当たって必要なものといえば、ファックス、電話、コピー機。その他に、不動産登記などに必要な申請書が作れるパソコンなどである。事務所を借りたとしても、総額で150万円から300万円もあれば、十分だろう。

最初はひとりで、しかも、自宅で始めるのであれば、さらに開業コストは低く抑えられる。家賃イコール事務所資金となるので、100万円もかけずに開業している人もいる。

私も、最初は賃料の安い事務所を借りて、150万円ほどで開業した。はじめは、当然のことながら、仕事は少ないので収入も少ない。そのため、資金繰りの面からも、開業資金が低コストというのは、非常にメリットとなる。

以前の仕事が不動産関係、金融関係、会社法務関係だった人であれば、最初からある程度、司法書士としての仕事が見込めるので、多少の投資はしても大丈夫かもしれない。しかし、その場合でも、大事務所用のコンピュータシステムを入れるなど、大規模な設備投資は必要ないだろう。

登記業務の場合には、仕事を受ける時点で登記にかかる費用と報酬をいただくことも多い。依頼の時点で費用等をもらわない場合でも、約1週間か2週間で仕事は完了し、その直後にお金を受け取ることも多い。したがって、運転資金が少なくてすむというメリットもある。

運転資金を考えるなら、事務所を維持するための費用として、2カ月から3カ月程度の運転資金である100万円から200万円も用意しておけば十分だろう。

だれでも「食べていける」資格である

司法書士というのは、「開業すれば何かの仕事の依頼はくる」。

実際、世の中には法律が問題となる、または、登記手続が必要な仕事自体は豊富にある。その仕事が非常に儲かる仕事なのか、ボランティア要素の強い仕事なのかという違いはあるが、ボランティア要素の強い仕事であってもいくらか報酬としてお金はもらえるので、だれでも開業すれば「食べていける」資格だと言える。

ボランティア要素の強い仕事として、たとえば「成年後見」業務がある。お金を十分にもっている痴呆性の老人なら、ほとんどの場合、家族がその人の面倒をみる。しかし、血族関係にある人が面倒をみるのが嫌だという場合や、血族がいない場合、「成年後見」の業務が司法書士や弁護士に依頼されることが多い。

また、裁判という仕事においても、司法書士への需要は多い。

司法書士は2003年から法務省の認定を受けることで、簡易裁判所での訴訟代理権が得られるようになった。簡易裁判所の訴訟は、その9割以上が弁護士などの訴訟代理人を依頼しない本人訴訟だ。なかには、被告として、訴状の送達があり、裁判に呼ばれても、「裁判のことはよくわからないから行かない」という人も多い。すると、裁判に負けてしまう。

そのような人を救う意味で、訴訟の代理をすれば、簡易裁判所の訴訟額は少ない（つまり、報酬も少ない）が、仕事があることは確かだ。現在、簡易裁判所での訴訟何十万件のうちの1割程度しか司法書士や弁護士が関わっていない。そういう未開の需要を掘り起こしていけば、確実に食べていける資格だ。しかも、人の役に立つ仕事ができる資格である。

また、不動産登記も司法書士の主な業務だ。人は、おそらく一生に1回は不動産登記をする場面がある。家を買ったり、売ったりするからだ。そうであれば、不動産登記の仕事は、今後も継続的に発生し続けるだろう。

それを、今のところ、司法書士1万8000人ほどで分け合っているかたちだ。

「士」業全般に言えることだが、司法書士というのは自分自身を売り込んでいく、もしくはアピールする仕事である。一般市民の間に自分自身を着実に売り込んでいくことができれば、いつかは仕事がくる。それが人によって早いか遅いかだけの違いだ。

「争いが嫌いな人」向きの資格である

司法書士は「争いが嫌いな人」向きの資格だ。それは、弁護士と比較するとよくわかる。弁護士は人と人の争いがあるところに入っていき、どちらかの側に立ってその人を応援する。そのため多少なりとも、その争いに巻き込まれる可能性からは逃れられない。

一方、司法書士は、原則として争いとは無縁だ。逆に、争いにならないために仕事をする面が強い。たとえば不動産登記の場合、ある人が家を買うとき、買い手と売り手の間に立って、登記手続がスムーズにいくように業務を行う。商業登記の場合には、会社をつくりたい人のためにその人のお手伝いをする。成年後見の場合には、認知症の方のために、その人がいかに人間らしく生きられるかを考えて、行動する。

以上のように、司法書士の仕事はお客さんの便宜をはかってあげる側面が強く、「争いが嫌いな人」向きだ（ただし、簡易裁判所での業務は訴訟の代理人となるので、人と人の争いに入っていかなければならない）。

コラム

人生の逆転がはかれる学歴不要の資格

世の中に資格試験と呼ばれるものはたくさんある。

しかし、ほとんどの資格試験には、その試験を受けるために一定の学歴・資格が要求される。

たとえば、税理士の試験を受けるためには、簿記1級の資格を保有しているか、大学で経済学や法律学を学んでいることが必要である。また、新司法試験を受けるには、大学などを卒業後、ロースクールを卒業していることが必要である。大半の資格試験を受けようとするとき、少なくとも高校を卒業していることが要求される。

これに対して、まったく学歴などが受験資格として不要であるのが、司法書士試験である。

「学歴なんてくそ食らえ」と思っている人も、司法書士試験に合格し、登録さえすれば高学歴の人からも「先生」と呼ばれることもある。そんな人生のリセットをすることができるのが司法書士試験の魅力でもある。

自分のペースで仕事ができる

「士」業は、サラリーマンと違って自由業なので、自分のペースで仕事ができる。

たとえば、女性が子どもを育てながら仕事をするにしても、自分のペースを考えながら仕事ができる。

企業においては、たとえキャリアウーマンであっても、いったん子育てなどで会社からリタイアすると、現場復帰はなかなか難しい。また、以前のキャリアが生かせないことも多い。しかし、司法書士の場合、いったん、その業界を辞めたとしても、資格がなくなるわけではない。何年間かブランクがあったとしても、その資格がさびることもない。まだまだ司法書士の社会的なニーズは多いので、仕事を再開することは容易だ。

そういう意味では、女性に向いている資格といえる（150ページ・松瀬さん／161ページ・大戸さん参照）。

会社定年後でも開業できる

司法書士には定年がない。

80歳でも90歳でも、極端に言えば、死の直前まで仕事ができる。

現在、企業社会では、リストラなどで実質の定年年齢は下がっていたりする。そのため、上場企業等でも50代後半になると、実質上の定年に追い込まれる方が多い。しかし、実際のライフスタイルからみると、50代というのはまだバリバリの現役だ。その方たちが社会で何十年もつちかってきた経験を埋もれさせてしまうのは、実にもったいない。

司法書士のような資格の場合、定年後でも試験を受けて合格さえすれば、いろんな意味で、これまで自分が企業のなかで得てきた仕事のノウハウが生かせるし、社会人としての経験も生かせる。

また、人生を長く過ごしたということは、「人の痛みがわかる」ということだから、成年後見的な仕事も、裁判的な仕事も、依頼人や相手の立場に立って十分こなせる。

定年後の開業では、「若いうちから司法書士を開業している人に負けるのではないか」という危惧があるかもしれない。しかし、長い人生経験を生かせば、若い人に引けをとることはない。

現に、定年後、司法書士として活躍している70代、80代という高齢の方は何人もいる（156ページ・中溝さん参照）。

■司法書士試験合格者年代別構成

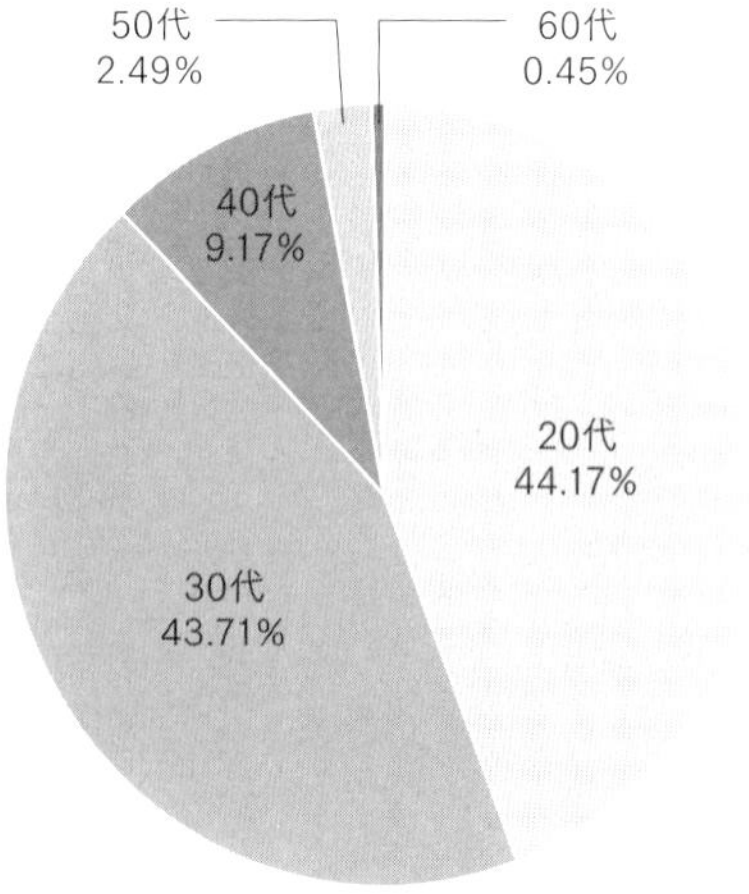

実際、リストラの影響かもしれないが、50代以降の受験者の数は年々増加している。司法書士会の新人研修会でも、ここ数年、50代、60代の方が研修を受けている場面を目にすることが多くなった。

2005（平成17）年合格者

※年齢は2006（平成18）年1月1日現在と仮定

生年	年齢	人数		
1985年	20	1		
1984年	21	5		
1983年	22	22		
1982年	23	37		
1981年	24	43		
1980年	25	53		
1979年	26	47		
1978年	27	61		
1977年	28	58	20代	割合
1976年	29	63	390名	44.17%
1975年	30	54		
1974年	31	54		
1973年	32	54		
1972年	33	48		
1971年	34	41		
1970年	35	35		
1969年	36	30		
1968年	37	30		
1967年	38	23	30代	割合
1966年	39	17	386名	43.71%
1965年	40	11		
1964年	41	14		
1963年	42	11		

生年	年齢	人数		
1962年	43	6		
1961年	44	16		
1960年	45	4		
1959年	46	9		
1958年	47	5		
1957年	48	3	40代	割合
1956年	49	2	81	9.17%
1955年	50	6		
1954年	51	1		
1953年	52	1		
1952年	53	3		
1951年	54	3		
1950年	55	2		
1949年	56	1		
1948年	57	2		
1947年	58	1	50代	割合
1946年	59	2	22	2.49%
1945年	60	0		
1944年	61	0		
1943年	62	0		
1942年	63	1		
1941年	64	1	60代	割合
1940年	65	2	4名	0.45%
合計		883	883名	100.00%

社会貢献ができる資格である

司法書士が扱う業務のなかで、とくに社会貢献的な仕事といえるのが、成年後見と債務整理だろう。認知症になった高齢者がいかに人間らしく生きるか、つまりノーマライゼーションを実現するために、2000年に成年後見制度ができた。

近年、認知症の高齢者がだまされたり、悪徳商法の餌食になって高額なローンを組まされたりする事件が多く起こっている。認知症の人は寝たきりでもない限り、印を押すことぐらいはできるので、悪徳商法であることが見抜けずに、契約を結ばされて、お金を払い続けるのだ。

ところが、成年後見という制度を使えば、司法書士が認知症の高齢者に代わって、その人の財産管理をすることができる。悪徳商法にのせられて高額な契約をしたとしても、成年後見人となった司法書士が解約をすることができるのだ。

また、核家族化の影響で、ひとり暮らしの認知症の人も非常に増えている。その人たちのために、今後の生活を考えて、老人ホームへの手続きや病院への入院手続きなどをするのも成年後見人の仕事である。

もうひとつは、債務整理だ。昨今、テレビでサラリーマン金融（サラ金）のCMがどんどん流されている。そのせいで、「ちょっと借りてみよう」と気軽にお金を借りる人が増えた。その結果、自分の収入以上の買い物をすることでお金が足りなくなり、足りない分をまたサラ金で借りて穴埋めするという借金地獄に陥ることが多い。

しかし、借りたものは、原則的にいつかは返さなければならない。お金を借りやすい世の中は、逆にいうと、自分の収入と支出のコントロールをしっかりしてないと、債務が膨れ上がってしまう世の中でもある。現在、年間18万件以上（2005年度の個人自己破産件数／18万4422件）の破産が申し立てされている。

破産したり、債務に陥った人のなかには、浪費などが原因の人も多いが、一方で、生活困難から一時的に金を借り、それが積み重なって破産した人もいる。その人たちのなかには、債務整理をしていったん借金をゼロにしたり、債務を圧縮して返済額を減らすことができれば、新たな生活のスタートをきれる人もたくさんいる。そのような人のために債務整理の仕事をできるのが司法書士でもある。

ライフスタイルにあわせて仕事ができる

「士」業は何時から何時までオフィスにいるという必要はないので、自宅で仕事をすることも可能だ。また、午前中はほかのことをやって、午後、オフィスに行って仕事をするということもできる。

仕事を月の何日間かに集中させて、あとは、仕事に追われないゆったりした時間をつくりたければ、それも可能だ（142ページ・阿部さん参照）。

月の半分は違う場所で仕事なり、旅行をしたいために、司法書士という仕事を選んだ人もいる。

私の場合は、司法書士の仕事のほかに夜間学校に週2～3回通っているので、夜はできるだけ仕事を入れないようにしている。そのため、仕事を昼に集中させる。また、学校の関係で週に1日は仕事を休むこともある。

お客さんとの関係で、水曜日は事件を入れないようにするとか、自分の用事、やりたいことにあわせて、仕事を組み立てていくことは、いかようにも可能だ。

仕事がなければオフィスに行く必要もない。今は、携帯電話という便利なツールがあるので、「本人が居る場所で仕事ができればいい」というかたちになっている。

現に、オフィスらしいオフィスを持たず、また、固定電話を持たずに携帯電話だけで仕事をしている司法書士もいると聞く。金融関係・不動産関係の仕事をしていれば、そういうわけにもいかないが、仕事次第では、どのようにも自分で時間を設定できる。

債務整理を中心に扱っている司法書士の場合は、お客さんが夜に来ることが多いので、仕事は夜に集中させて、昼は、自分の好きなことをしている人もいる。

なかには、親の介護があるからと、仕事を自宅でこなしている人もいると聞く。

そういうふうに、フレキシブルに仕事を組み立てられるのが司法書士という資格のメリットだ。

高収入もめざせる資格である

司法書士の資格は、高収入を得ようと努力し、時間をそれに投じれば、得られる資格である。事実、年収で何千万も稼いでいる人もある。ただし、他人と同じことをしていては高収入を得ることは無理だ。人と違うことをして注目されることが必要だ。早い話、自分の得意分野で突出することが、高収入を得る近道だろう。

たとえば、2006年5月1日から会社法が改正された。それに伴う仕事がたくさん発生しているし、今後も発生する。顧客からの依頼に「会社法対応で、書面を作成します」と即答できる司法書士は実は少ない。

今まで勉強した知識では間にあわず、新たに勉強しなおすことが要求されるが、40歳、50歳になって新しく勉強しようという人は少ない。そんなとき、「私は会社法、よく知ってますので仕事ください」と言えば、仕事はどんどんくるはずだ。

また、「私は成年後見専門の司法書士です」と、成年後見を専門としていることをアピールすれば、その分野の仕事は間違いなく依頼されることとなる。扱う分野を限定して、その道のスペシャリストになれば、どんどん仕事がくるということだ。

これまでの司法書士は、全体的に不動産登記のスペシャリストなので、その分野で特色をだして仕事を獲得していくことは難しい。めざすとすれば、それ以外の分野に特化することだ。

もうひとつ高収入を得る方法は、司法書士の多い都市部ではなく、少ない地方で開業することだ。地方では、たとえ、司法書士が開業していても高齢化がすすんでいるため、若い司法書士が少ないからだ。地方のある地区では、いちばん若い司法書士でさえ50代、平均年齢はゆうに60歳を超えていると聞く。そういう地区では、「若い人に来てほしい」という要望が強いため、フットワークの軽い若い人が行けば、こなしきれていない仕事が残っているため、仕事はそうとうくるはずだ。当然、年収も増えるだろう。

ただし、自分なりのライフスタイルを守りとおそうとすれば、年収が減るのは覚悟する必要がある。その代わり、自分らしく生きることはできる。つまり、どちらを選ぶのも自分のポリシー次第。「稼ぐ自由」もあるし、「稼がない自由」もあるということだ。

ちょっとした営業でお客さんは増える

司法書士をめざす人のなかには、「営業をやりたくないから」という理由をあげる人がいる。しかし、司法書士や弁護士等の「士」業にとって、営業は非常に大切だ。人を相手にしたフェイスツウフェイスの商売なので、その人が私たちを選んでくれないと仕事に結びつかないし、収入にも結びつかないからだ。

司法書士を開業しても、期待していたほど収入に結びついていない人は、「知識さえあれば仕事はくる」「試験さえ受かれば仕事はくる」と勘違いしている人である。逆に、営業力があれば仕事に困ることはないし、ある程度収入は確保できる。

一昔前まで、銀行など金融機関には、司法書士を選ぶ選択の自由はなかった。「この人しかいない」という閉ざされた世界のなかで、限られた司法書士に仕事を依頼するしかなかった。今でも、ある種、そんな閉ざされた世界なので、口コミで「この人はフットワーク軽いし、仕事も確実だよ」と伝わるだけで、そうとう仕事はくるはずだ。

では、どのように営業すればいいのか。

たとえば、相続登記や会社の設立登記などの仕事は税理士から依頼されることが多い。そうであれば、彼らから仕事を依頼されるようにするためには、「自分の売りはどこか」「自分を使えばどんなメリットがあるか」を示す必要がある。

「新会社法には強い」とか、「会社法による会社設立は任せてください」といった自分の売りを記載したＨＰ（ホームページ）を立ち上げて、そのＨＰに得意な分野を明記するだけでも、かなりの営業になるはずである。

もう１つは、当たり前のことだが、お客さんに対して「仕事をきちんとする」ことだ。当たり前のことが意外とできてないのが、この「士」業の世界である。

お客さんに対してきちんと仕事をし、気持ちよくお金を払ってもらう。それを積み重ねていれば、今度は、そのお客さんが口コミでほかの人を紹介してくれる。

しっかりと仕事をしていれば、２、３年たつと、積極的な営業をしなくても仕事は徐々に増えてくる。

どの世界でも同じだが、フェイスツウフェイスの仕事をこなすには、顧客としっかりしたコミュニケーションがとれ、信頼関係を築けることが大事だ。

極端な例であるが、ラーメン屋を開業した場合と、司法書士のそれとを比較してみよう。ラーメン屋を開業した場合、「ラーメン屋を開店しました。皆さん、ラーメンを食べに来てください」と営業するであろう。ラーメン屋の場合、その数は東京都だけで何千軒を下らないだろう。他の食べ物屋とも競争関係となり、非常に厳しい競争の下にある。

これに対して、司法書士の場合には、誰でもなれるものではなく、その数も限定されている。当然、競争はラーメン屋ほど激しくはない。

東京都を例にとれば、そこには約2700人の司法書士がいる。東京都の人口1200万人を頭割りした約4500人が、ひとりの司法書士のお客さんになる可能性があるということだ。

第2章

司法書士の仕事

バラエティに富む仕事内容

司法書士の仕事の範囲は、「不動産登記」「商業登記」「供託」「裁判関係の業務」「成年後見」「クレ・サラ業務」など多岐にわたっている。

一般的に「登記」とは、法律で定められた一定の事項を、登記所に備えられた登記簿に記録することをいう。

たとえば、不動産に関する「不動産登記」では、「○市○町○番の土地」は、誰が所有者で、いつ、どのような原因（売買等）で取得したのか等が記録される。

会社等に関する「商業登記」では、「○○株式会社」は、いつ設立されて、資本金がいくらで、本店はどこで、役員（取締役等）は誰であるか等が記録される。

これらの登記の他に、債権譲渡に関する「債権譲渡登記」というものもある。これは、債権の譲渡が行われたときに、譲受人が誰で、いつ、いくらの債権を譲渡したのか等が記録される。

これらの登記の手続きを、不動産の売主・買主や会社の代表者等の申請人に代わってするのが司法書士である。

また、「供託」という仕事もある。

「供託」という言葉は、あまり聞いたことがないかもしれない。

たとえば、アパートの借主（賃借人）が大家さん（賃貸人）から家賃の値上げを迫られていて、これまでどおりの家賃を支払いに行っても受け取ってもらえないということがある。これでは、借主に家賃を支払う意思があっても支払うことができず、そのままにしておいては、家賃の滞納（債務不履行）を理由に、明け渡しを迫られる可能性がある。

そこで、家賃の額について決着がついて、大家さんが家賃を受け取ってくれるようになるまでの間、国の機関（供託所）に家賃を一時的に託しておくことができる。これを「供託」という。家賃を供託しておけば、滞納（債務不履行）にならずに済む。

「裁判関係の業務」では、弁護士とまったく同じように訴訟の代理をすることができるわけではない。司法書士が訴訟の代理をすることができるのは、請求金額等の訴額が140万円以下である「簡易裁判所」での民事訴訟だ。

そのほか、本人が直接法廷に立って裁判を進める（本人訴訟）場合に、裁判所に提出する書類（訴状など）の作成等による支援なども行う。この場合には、業務は簡易裁判所に限定されるわけではない。

「成年後見」とは、精神上の障害（認知症など）をわずらった方の保護を目的として、介護や、本人に代わって財産の管理等をする制度だ。司法書士は、主に後見人となって財産管理などの場面で関わることになる。

「クレ・サラ業務」は、クレジットやサラリーマン金融に関する業務で、債務者が借金地獄に陥ったときなど、債務者に代わって、破産や民事再生の手続きを行う仕事だ。

コラム

多い親子司法書士

司法書士の世界を見渡すと、親子で司法書士を仕事としている人がとても多い。私が司法書士になった年（2000年）でも、合格者600人中、20～30人ぐらいの人が、親も司法書士という人だった。

親にとっては、自分の築いてきたテリトリー、つまり顧問先や取引先を自分の一代限りで失うのが「もったいない」ので、子どもにも引き継がせたいということが大きな理由だろう。子どもにとっても、親が積み上げてきた実績の蓄積をそのまま引き継げるので、「おいしい」仕事に思えるのかもしれない。

確かに、地方で開業している場合は、競争相手も少なく、報酬単価は都市部と同じような水準なので、その実入りは多いかもしれない。しかし、近年は報酬基準が撤廃されて自由競争となり、また、司法書士としての質も厳しく問われてきているので、以前ほど司法書士が「おいしい」職業とは言えなくなりつつある。今後は、今までほど親子司法書士の姿が増えることはないかもしれない。

司法書士は登記のスペシャリスト

司法書士が担当する仕事の比率をみると、おそらく、従来の司法書士の場合は、不動産登記が約8割、商業登記が約2割くらいであろう。

しかし、最近、開業した司法書士の場合は、クレ・サラ業務と成年後見、裁判業務の比重がかなり増えている。

とはいえ、大半の司法書士の場合は、不動産登記が7～8割、商業登記が2～3割、裁判業務や成年後見業務を併せて約1割といったところだろう。

司法書士の場合、昔から圧倒的に多いのが登記業務であり、不動産業者や銀行から仕事がくることが多い。そのため、仕事歴の長い司法書士の場合は、どうしても不動産業者や銀行との付き合いが永くなるので、その仕事も不動産登記が大半を占めることになる。

不動産業者や銀行サイドからみても、登記は司法書士なら誰でもできると考えているので、ミスさえなければ、あまり司法書士を変えることがない。

そういう関係が固定した世界に、新しく司法書士になった人が参入しようとしても、なかなか仕事を得にくい現状になっている。仕事歴の短い司法書士にとって、新たに仕事の得やすいクレ・サラ業務、成年後見、裁判業務の比率が増えるのは、必然の結果だろう。

とくにクレ・サラ業務などでは、破産を1件受注すれば、報酬は約10万円~20万円程度になるので、その仕事を月に10件もこなせば、ある程度の収入になる。

ただ、前述したように、ほとんどの司法書士が不動産登記で「食べている」。あくまで司法書士の本職は不動産登記である。

裁判業務やクレ・サラ業務は弁護士も担当しており、その道でのスペシャリストは弁護士ということになるが、登記の場合にはスペシャリストは司法書士しかいない。そのため、登記が、司法書士にとっていちばん自分の力を発揮できる場所といえる。

司法書士は売買取引の進行・確認役
——不動産登記（立ち会い）

皆さんは、家やマンションを購入したことがあるだろうか。

家を買うときには、売買契約をして、「手付け」を払った後、不動産業者に「〇月〇日、引き渡しと決済をしましょう」と言われる流れがある。これを「決済」というが、この「決済」をするときに立ち会うのが司法書士だ。

「決済」とは、売買取引を完了することをいうが、この「決済」の大半が「立ち会い」によって行われる。「立ち会い」とは、銀行などの金融機関に関係者が集り、売買契約にもとづく代金と物件の受け渡しを行うことである。

この引き渡しの場面に司法書士は同席し、家やマンション代金の残代金が買主から売主に渡され、同時に、売主が、権利書などの重要な書類を買主に引き渡すのを見届ける。このときに、売主から買主にきちんと所有権が移転できる書類がそろっているかを確認する。

つまり、司法書士は、売買代金や権利証の授受がスムーズに行われることを見届ける役目にある。

もちろん、「決済」に至るまでには、事前の準備が必要となる。買主が家やマンションを買うために住宅ローンをくむ場合や、売主が売却代金でこれまで借りていたローンを返済する場合などだ。そのときは、金融機関との間でも、抵当権等の設定登記のための書類の確認などをしておく必要がある。

「立ち会い」が終わった後は、その書類を預かって、法務局（登記所）で登記申請をする。登記が完了したら、買主に権利書を渡し、金融機関には抵当権設定登記に関する書類を渡すという流れになる。

この司法書士が行う「立ち会い」は、年間、何百万件にものぼっている。

多額の収入が見込まれるが、経験とスタッフが必要
――不動産登記（大型新築分譲マンションの場合）

一〇〇戸を超える大型の新築分譲マンションの登記の場合、司法書士はマンション分譲業者から依頼を受けて、説明会などで各買主から登記申請に必要な書類を預り、「まとめて」登記の申請書を作成し、「まとめて」申請する。

買主が住宅ローンなどを利用していれば、銀行などの金融機関とも連絡をとって準備を進める。その際、分譲業者の指定する金融機関のローンを利用することも多いので、こちらのやりとりも「まとめて」ということが多い。

一〇〇戸分もの登記を一気にするので一度に多額の収入があり、「とてもおいしい」仕事に思えるが、なかなかキビシイ。限られた時間に大量の書類を作成・処理しなければならないので、それなりの経験とスタッフが必要になる。それ以前に、マンション分譲業者から仕事を受注するためには、相当の営業努力が必要なことは言うまでもない。

コラム

権利証がなくなり登記識別情報に

これまでの不動産取引において、AさんがBさんから土地や建物といった不動産を買うと、Aさんはその不動産についての権利証を必ず取得した。不動産の権利証を持っていることは、その不動産を所有していることと同義語だった。

ところが、2005（平成17）年3月に不動産登記法が改正されてから、事情は一変した。つまり、オンラインで登記申請ができるようになったため、オンライン申請ができる法務局で発行される不動産の権利を示すものがデジタル媒体に変わったのだ。これまでの「登記済」の朱印を押された紙の権利証はなくなり、12文字の英数字で表される登記識別情報が記載された書面のみが発行されることとなったのだ。

映画やドラマで「借金のかたに土地の権利証をとる」という場面もあったが、今後はそのような情景は見られなくなるだろう。

不動産登記の8割は銀行がらみ
——不動産登記（金融機関との取引）

不動産登記の8割は金融機関がからんでいると言われている。

たとえば、銀行はお金を貸すに当たって抵当権を設定するが、それは個人ばかりではなく、会社に対しても行われる。会社が保有している土地や建物に抵当権を設定するが、その際、その登記申請が司法書士に依頼される。

また、金融機関が会社にお金を貸す場合、金融機関はその会社の謄本をとる。その際にも、司法書士は、その会社が持つ土地や建物について調査を依頼されることがある。つまり、司法書士は金融機関とその顧客の間で、お金の貸し借りがスムーズにできる環境をつくる手助けをしていることになる。

また、今日、銀行は個人の財産管理の相談場所にもなっているが、その延長線上で司法書士に、相続登記や会社設立登記等、いろいろな登記の相談がなされることもある。

コラム

銀行員から見た司法書士

登記を司法書士によく依頼するのは銀行と不動産会社だ。銀行においては、ローンの窓口を担当している人や企業に融資する営業マンが、司法書士に仕事を依頼するのだが、これまで、彼らにとって司法書士は、単なる「登記屋」というイメージが強かったのではなかろうか。

不動産登記の業務だけをすることができれば、十分に銀行と仕事をすることができた司法書士も少なくなかった。しかし、これからの司法書士は、それだけでは銀行との間に信頼関係が築けなくなる。

銀行から持ち込まれる個人資産の管理や法人の財産管理などの相談契約書の作成、全般的な法律的知識に対応できる人が、より求められてくる。

つまり、あらゆる法律に精通した「法律家」としての司法書士をめざす必要があるだろう。

相続登記は人生模様
——不動産登記（相続）

不動産を保有している人が亡くなると、通常は相続人がその不動産を承継するので、その名義を相続人に変える登記手続が必要になる。

その際、大事なのは、法定相続人を確定することだ。基本的には、亡くなった方（被相続人）の出生にまでさかのぼって戸籍謄本を集める。

ところが、これがけっこう大変だ。何度か結婚して子どもが多かったり、認知した子どもがいたり、また、本籍をしばしば移転させていると、取り寄せる戸籍謄本の数も膨大なものとなる。さらに遺産分割をすることが実務には多いのだが、この場合、相続人に実印を押してもらい、印鑑証明をもらうという作業が必要である。相続人の数が多いと、その人たちの印鑑を集めるだけでひと苦労となる。だれか1人でも印鑑が足りないと、遺産は分割できないからだ。

遺言がある場合は、遺言の趣旨に沿った登記手続をしなければならないので、遺言の有無を相続人に確認する。

また、遺言がない場合には、遺産をどのように分けるのか、相続人の意向を聞き、必要に応じて遺産分割協議書などの書面も作成することとなる。

遺産の分割については、相続人の間ですんなりと話がまとまればいいのだが、お金の問題だけに相続人である兄弟姉妹同士でもめたり、相続人の配偶者が口を挟んでくるなどしてスムーズにいかない場合も多い。「まさに人生模様」といえるのが、相続だ。

必要な書類が揃ったら、申請書を作成して登記を申請する。

司法書士への相続登記の依頼はいろいろなルートからくるが、税理士等の会計事務所から依頼されることも多い。相続があると、相続税のことで、まず税理士に相談することが多いからだ。そこで、「登記の申請については司法書士に」ということで、税理士から相続登記の仕事が回ってくる。

具体的に会社をつくる
――商業登記（会社設立）

現在、日本国内には約３００万の会社がある。株式会社、合名会社、合資会社、合同会社といった会社が主であるが、そのうちの99％が株式会社だ。

株式会社は資本金１円からでも設立することができるが、設立するためには、どのような手続きが必要かを具体的に知っている人は少ない。そこで、登場するのが司法書士である。

会社設立の依頼を受けた場合の流れをみてみよう。

まず、依頼時や事前準備の段階で、どのような会社をつくりたいのかを聞き、それに応じて必要なアドバイスをする。会社を設立するには、商号（名称）、本店所在地（住所）、目的（業務内容）など、会社の基本事項を定めた「定款」をつくり、公証人の認証を受けなければならない。その手続きのことを定款認証というが、この定款認証が終わると、資本金の払い込みを銀行などの金融機関で行う。

資本金の払い込みが終わり、金融機関から証明書をもらったら、取締役と代表取締役を決め、申請書を作成して、会社の設立登記を申請する。この申請の日が「会社成立の日」として登記簿に記載されるので、「大安」の日に登記所に持ち込んでほしいとリクエストを受けることがよくある。

完了したら、登記簿事項証明書（登記簿謄本）を取得して、依頼どおりの登記ができているかどうかを確認し、問題がなければお客さんに登記完了を知らせることになる。

新しい会社法が2006年5月に施行されたが、大改正だったため、新たに会社法を勉強するのは大変である。これは司法書士でも同じだ。これから司法書士をめざす人にとっては、会社法、商業登記法をしっかり勉強しておくことが、開業後、成功する条件かもしれない。

おおまかな株式会社設立の流れ

発起人による定款作成
↓
定款認証
↓
資本金の払い込み
↓
取締役等の役員の選任
↓
会社の設立登記

会社をとりまく法律関係の問題を解決
——商業登記（企業法務）

商業登記には、会社の設立のほかに、役員の変更、新株の発行（増資）、解散・清算などの登記もある。また、より専門性の高い知識を要求される会社再編などの登記もある。このような会社をとりまく法律関係の仕事をこなすのが、企業法務だ。

主なものとしては、合併・会社分割などの会社再編や、ストックオプション（新株予約権など）に関するものなどがある。いずれも、企業の根幹に関わる大きなプロジェクトなので、綿密な計画や準備が必要となり、期間も数カ月に及ぶものが多い。

弁護士・公認会計士など、ほかの専門家と連携して手続きを進める場合もあれば、株主総会での議案の要領作成・株主総会招集などの手続き、合併契約書などの書面作成、その他のあらゆる場面で指導的な立場に立って手続きを進めていく場合もある。

このような企業法務に携わっていくためには、当然のことながら、会社法、証券取引法等の関係法令に精通していなければならない。

また、大企業の場合には、たいてい顧問弁護士がこれらの企業法務を担当しているが、会社の大半を占める中小企業の場合には、弁護士の顧問料が高いこともあって、問題が起きたときだけ司法書士に相談することが多い。たとえば、債権を回収できないときや、残業代の問題など。

しかし、今後、中小企業といえども、企業法務関連の法律遵守（コンプライアンス）などは企業経営に欠くことのできない重要課題となる。その必要性を経営者に説くことで、司法書士は企業法務を自分の仕事とすることができる。

大企業からご近所の商店まで、「会社」であれば、すべて企業法務のお客さんとなる可能性がある。商法や会社法に精通した司法書士の強みを生かせば、仕事の幅はかなり広がるだろう。

借金地獄から債務者を救い出す
——クレ・サラ業務①

月収20万円の人が25万円使ってしまった、あるいは、収入以上の出費が予想されるとき、お金を借りることになる。

このとき、お金を貸してくれる場所は、銀行、公的機関、消費者金融会社などだ。銀行や公的機関は借り入れ利率は低いが、年収や勤務先等の審査が厳格である。

それに対して、クレジット会社やサラ金からは借りやすい。消費者金融会社のテレビCMのなかには、「借りて使わないのはバカじゃない」というニュアンスのものさえある。そのために、多くの人は、お金を借りることに抵抗がなくなっている。ところが、そのようなお金を借りたらどうなるかが、その人にはまったく見えていない。

消費者金融会社などでは、現在、約30(29・2)%とべらぼうに高い金利をとる。そして、借り入れの申し込みをすると「50万円までだったらすぐ貸しますよ」というところも多い。

しかし、30%の金利を払うというのは容易なことではない。

たとえば、年収300万円の人が100万円借りたとすると、利息だけで、1年間に約30万円支払うこととなる。月にすると2万5000円だ。年収300万円では、年間30万円も利息を払うのは大変である。ときには、利息でさえ払えなくなることがある。そこで、利息分の約30万円をほかのサラ金から借りることになる。すると、その時点で元金は130万円となる。

130万円は、また約40万円の利息を生む。その悪循環を何度か繰り返していると、数年後には、最初に借りた100万円が、200万円、300万円の元金に膨れ上がることになる。300万円の借金は、利息だけで約100万円もするのである。

こうなると、毎月10万円弱の金利を払うことになるが、金利を払ったうえに、さらに元金を返すことなど、年収からいって、当然、無理である。

こうなったとき、債務者を救う手助けができるのが司法書士や弁護士だ。

取り立てをやめさせ、人生の出直しを手助け
――クレ・サラ業務②

債務者が借金地獄に陥ったとき、司法書士は債務者に代わって、破産や民事再生の手続き等をとる。そのことを一般的に「クレ・サラ業務」というが、正確には「クレジット・サラリーマン金融に関する業務」だ。

仕事は、裁判所と関わって行う仕事と、直接クレジット会社や消費者金融会社、いわゆるサラ金と直接交渉して行う仕事とに分かれている。

まず、裁判所と関わって行う仕事の場合。

破産する人は、地方裁判所に破産申立書を提出して手続きをしなければならない。その書類を本人に代わって作成するのが司法書士の仕事だ。

破産申し立てをしたあとは、1、2度裁判所に呼び出されて、そこでのヒヤリングを経て、通常、「破産手続が開始される」ことが言い渡される。

破産は、基本的には、自分が保有している不動産や貯金などの資産を集めて債権者に分配するのが前提だが、サラ金に借金している場合には、そのような資産がないことがほとんどである。

そのため、「破産手続きはとりやめよう」といった「破産手続の廃止」や、「お金はないのだから借金は棒引きにしよう」という「免責」を、裁判所の破産手続きのなかで行っていく。この間、司法書士の行う仕事は、裁判所と債務者の間をとりもつことだ。

もう1つ、サラ金と直接交渉して借金を減らしていく仕事がある。

債務者は、借り入れする金額が増えて、収入より債務の返済金額が多くなるといういわゆる借金地獄におちいると、金融会社から借金返済のものすごい取り立てをうける。そのような状況では、破産手続きの書類などを書いている余裕もないし、また専門的知識もない。

そのため、司法書士や弁護士は、債務者から依頼がきたら、金融会社などに、「この人は債務超過に陥っているので、私が代わって整理をします。ついては、取り立てはだめです。連絡は全て私にください」という「受任通知」を出して、取り立てをやめさせる。

破産は年間18万件にのぼり、700人に1人が破産している現状だ。

破産することはけっして好ましいことではない。しかし、人生に1度ぐらいの出直しはゆるされるはずだ。借金が増えた人の全部が破産手続きを経るわけではないが、現実として多くの多重債務者が破産手続きをとっている。

その人生の再出発の手伝いができるのが司法書士である。

コラム

ヤミ金融との対決

「3万円借りたら1週間で1万円の利息が取られる」。そのような高金利での取りたてを行うのがヤミ金融だ。そんな高い利息のお金をなぜ借りる人がいるのかと不思議に思うだろう。ほとんどの人はそのようなヤミ金融から借りることはないが、ヤミ金融でしかお金を借りられない人たちもいる。過去に破産したり、債務整理をした人たちである。このような人々は名前がブラックリストに載り、それが金融関係に流れるので、銀行はもとより消費者金融なども、彼らにはお金を貸さない。その結果、困りはててヤミ金融に手を出すことになる。しかし、ほとんどのヤミ金融は暴力団がらみの経営なので、払えないときには、非常に悪質な取り立てにあう。

こんなとき、ヤミ金融に泣かされている人のために、ヤミの勢力と対決できるのが弁護士や司法書士だ。自分がもっている資格を生かして、苦しむ人を救うことができ、かつ報酬ももらえる（多くはないが）。司法書士の資格は、そんな正義感のかたまりのような資格でもある。

債務を圧縮して返す
──クレ・サラ業務（民事再生）③

「破産」は借金を棒引きにすることだが、「民事再生」は借金を減らすことだ。

この民事再生手続とは、たとえば500万円の借金があったら、その借金の総額を100万円ぐらいに減らして、もう1度出直しを計るチャンスを与える制度である。

債務に関する手続きは、破産手続も民事再生手続も同じであるが、まず、サラ金等の金融会社の取り立てを止めさせると同時に、依頼者が負っている債務の全てをヒアリングする。民事再生手続きをとろうとする場合には、借金はあるが、本人に「返したい」という意志があり、収入もある程度あることが前提だ。

「この収入で少しずつ返していこう」というスキームを、裁判所の手続きをとおして作成していく。「500万円を一括には返せないが、100万円なら、5年間または3年間かけて分割してならば、返せる」という具合である。

民事再生手続において債務を圧縮する場合には、どんなに額が多くても３００万円まで圧縮できる。以前、私は民事再生手続を使って、２５００万円もの債務を３００万円までに圧縮したことがある。

さらに、民事再生で特徴的なことは、住宅ローンなどを抱えている人に対しては、その住んでいる自宅をとりあげて競売にかけるようなことはしないで、住宅ローン以外の借金を減らすことで、もう1度、人生をやりなおす機会を与えることだ。

月給20万円の人が、その中から10万円を借金返済に充てたとしたら、手元には本当にわずかしか残らない。しかし、逆に言えば、ある程度の収入のある人であれば、借金さえなければ、十分に人間らしい生活ができるということだ。

民事再生の手続きに必要な費用は、報酬等も含めて20〜40万円だが、サラ金に多額な利息を支払うことがなくなれば、月々の収入の中から分割して十分払える金額である。

払いすぎの利子を取り戻す
――クレ・サラ業務（任意整理）④

お金を貸している会社側が「必ず取ることができる」利子は、元金の15％から20％の間と利息制限法で定められている。ただし、「債務者が任意に払っていい」利子が29・2％となっている（出資の受け入れ、預金及び金利等の取り締りに関する法律）。

その間には約10％もの差があるが、お金を借りる人が、借りる際に、契約書をよく読まず、金融会社に請求されるまま、29・2％の金利を払い続けている場合もある。

たとえば、29・2％の金利で、100万円を10年間、払い続けている人は、借金の残金がまだ100万円あったとしても、金利18％で計算しなおすと、借金はすでに完済し終わっていることになる。それどころか、100万円も払いすぎているという場合さえある。

その払い過ぎの利子分を金融会社に返してもらったり、借金をゼロにしてもらったりする交渉を、司法書士が金融会社と行うのが「任意整理」だ。

また、任意整理では、司法書士が金融会社と交渉して、たとえば、50万円の借金を20万円にし、さらにその金額を分割で払う方法にしたり、毎月1万円の返済だったものを4000円や5000円にして期間を延ばすなど、債務者が無理なく払える方法がとれるよう交渉をする。

一般的に、市民である債務者は、裁判所とあまり関わりたくないという意識がつよいので、裁判所をとおして破産手続きや調停手続をするよりも、任意整理を望む人のほうが多かったりする場合もある。クレ・サラ業務のうち、相当な割合で任意整理が行われていると思われる。

訴訟代理人として簡易裁判所の法廷に立つ
——裁判業務

2003年から、司法書士も簡易裁判所の訴訟代理権を取得し、簡易裁判所の法廷に訴訟代理人として立つことができるようになった。

ただし、司法書士試験合格後に研修を受け、「簡易訴訟代理関係業務」認定試験に合格することが条件だ。この代理権をもつと、簡易裁判所においては、弁護士と同様に法廷に立つことができ、また、裁判外においても訴額が140万円以下の争いについては、代理人として交渉ができる。

訴額が140万円以下であれば、原則として簡易裁判所で事件として扱える。簡易裁判所における訴訟は年間約35万件に及んでいる。その数は地方裁判所より多いほどだ。それは、日常的に起きる法律的な争いごとのほとんどが、訴額140万円以下の争いごとであることを示している。

たとえば、敷金返還訴訟という訴訟がある。

ある人が家賃10万円の家を借りて、敷金30万円を払った。ところが、賃貸契約を終了して、借主が借家を明け渡すとき、室内をそれほど汚くした覚えはないのに、大家からクリーニングや畳の張り替えをする必要があると言われ、敷金を返してもらうどころか、逆にクリーニング代等で追加で10万円を請求された場合だ。

そういうとき、「それはおかしい。クリーニング代もそんなにかからないはずだ。だから敷金を返せ」という敷金返金訴訟を大家に対して起こす人が増えている。その場合も、訴額は、よほど家賃が高くない限り、140万円を超えることはない。

また、交通事故の示談金に関して、金額の交渉がなされるとき、後遺症の問題等を除いて、100万円以下が大半であることから、その場合の請求にも簡易裁判所が使われる。

訴訟を起こすときには、訴えた本人が法廷に出頭して自分で主張することも考えられる。しかし、裁判所は平日(昼)のみ開廷で、夜間や土・日には開廷されていない。そのため、平日(昼)には、働いていて裁判所に出廷できない人が多い。また、専門的知識がないために、法廷に立つことを嫌がる人も多い。そういうとき、司法書士が依頼人に代わって訴状を書き、裁判所で答弁することになる。

また、地方裁判所では、司法書士は訴訟代理権を有しないが、本人が自分で法廷活動をする場合には、司法書士は後方支援というかたちで、必要な訴状などを作成してあげるという仕事がある。

依頼してくる人のなかには、「負けてもいいから、最後まで争ってくれ」と言う人もいる。そんなときは、あくまでお客さんの意見に耳を傾け、親身になって仕事をすることが大事だ。そうすれば、おのずと評判が上がり、裁判に関する依頼が増えることは間違いない。

コラム

ＩＴが欠かせない司法書士

司法書士の世界もＩＴなくしては語れない時代にきた。

行政手続きの大半をオンラインで行うという「ｅ－Ｊａｐａｎ構想」が森総理の時代（２０００年）に打ち出されたが、今日、不動産登記・商業登記・債権譲渡などの手続きが、オンラインで申請できるようになった。

以前は、東京の人が大阪の土地を買ったとき、東京の司法書士がその登記申請の依頼を受けた場合には、東京の司法書士は大阪の法務局まで出向くか、または大阪の司法書士に代理で申請してもらわなくてはならなかった。しかし、今はその必要はない。東京の事務所にいながら登記申請可能となったのである。つまり、ＩＴ化によって、司法書士は一地域にいながら、全国的に活躍できることになった。

司法書士のなかには、いまだにコンピュータが使えない人もいると聞く。しかし、今後は、ＩＴに弱い司法書士に仕事は回ってこない可能性もある。

ぜひ、試験合格後はＩＴに強い司法書士になってもらいたい。

増え続ける「人助け」の需要
――成年後見

「成年後見制度」は、2000年4月1日から始まった制度で、高齢化社会到来のなかで、介護保険法と同時に施行されたものだ。

この制度は、認知症（痴呆）になった高齢者などが、社会のなかで人間らしく生きることができるように後見し、本人に代わって財産管理などもする制度だ。しかし、対象は、認知症の高齢者だけではない。

知的障害や精神障害をもった人も含まれ、「意思能力がない」「判断能力が不十分」な成年者もしくは未成年者のための制度でもある。これらの人のために、司法書士は「後見人」となって彼らの財産管理などで関わる。

いったん後見人が選定されたら、後見を受ける人（被後見人）は自分の財産を原則として自由に処分することはできなくなる。また、被後見人の保有する多額の金銭を使う場合や自宅を処分する場合は、たとえ選任された後見人であっても、これらの財産を自由に処分することはできず、家庭裁判所の許可が必要となる。

司法書士に対して成年後見の依頼をしてくるのは、社会福祉協議会、自治体、公共施設、老人ホーム、病院などが多い。

財産のある認知症のお年寄りの場合は、親類等だれか身寄りが面倒をみている場合が多いが、面倒を見る身寄りのない人の場合には、司法書士に「後見人」就任の依頼がくることが多い。その意味でも、「人助け」の仕事といえる。

私も、現在、高齢の認知症女性の成年後見をしている。彼女に身寄りがないわけではないが、誰も面倒をみないので、私が後見人として、財産管理をしている。

核家族化社会のなかで高齢者の占める割合が増えれば、成年後見制度はますます必要とされてくるだろう。これらの需要に応えるべく、現在、司法書士が中心となって、「社団法人　成年後見センター・リーガルサポート」をつくり、成年後見制度を必要とする方の保護や、成年後見制度に貢献することのできる司法書士の育成を進めている。

専門分野に特化する都市部の司法書士

都市部は地方に比べて人口が多く、それに比例して家を買う人も多いため、不動産に関する「立会い」が多い。すなわち、不動産に関する登記が多くなる。とくに都市部ではマンション（高層区分建物）が多いため、この分譲マンションを丸ごと1棟登記するだけで、数百件の登記が生じる。

また、ここ数年、都市部では、不動産の流動化が進んでいると言われている。それは、不動産を信託することで、不動産の価値を信託受益権という有価証券に変えて、それを投資家に売却するやり方だ。不動産投資信託（リート）が代表的なものであるが、この不動産流動化のための登記をするのも司法書士の仕事だ。

このように、都市部では不動産登記といってもさまざまなものがあるが、不動産登記自体は、司法書士の主な業務となっている。

また、都市部では、会社や財団・社団法人も多く存在するため、商業登記・法人登記の件数も相当数になる。東京法務局（東京都の千代田区・中央区・文京区を管轄）、東京法務局港出張所、大阪法務局（大阪市を管轄）等では、日本を代表する会社など相当数の会社が本店を置き、その旨の登記をしている。そのために、それら法務局の管轄内で開業している司法書士には、不動産登記よりも会社関係の登記依頼の方が多いこともある。

会社関係の仕事は、会社をとりまく法律関係のすべてにわたるため、取引上のトラブル、債権回収の問題、労働問題、消費者問題等について携わっている司法書士もおり、弁護士のように会社と顧問契約を結んでいる司法書士もいる。

また、債権譲渡登記を業務としている司法書士もいる。この登記は、ある会社が他の会社に対して保有している担保となる債権を、譲渡・質入れすることを公示する登記だ。2005年10月からは、債権だけでなく法人の動産の譲渡についても、登記による公示ができるようになった。そのため、この仕事の需要も増えていくと思われる。

さらに、都市部では、高年齢人口の多さ・核家族化を反映して、成年後見業務の需要も多い。何十人という被後見人・被保佐人の後見人・保佐人となり、活躍している司法書士もいるほどだ。

それぞれが専門性をもって仕事をしているのが、都市で働く司法書士の特徴だろう。

弁護士01（ゼロワン）地域で働く「町の法律家」

弁護士は都市に集中して開業・登録している。統計的にみると、弁護士の約80％が都市部（東京・神奈川・千葉・埼玉・愛知・大阪・京都・兵庫）で働いている（196頁参照）。だからこそ、司法制度改革においても、「地方に弁護士を増やしたい」という声があった。しかし、地方に事務所を置く弁護士は当面の間、増えないであろう。なぜなら、地方では訴訟という仕事自体の数が限られることもあり、都市部でのほうが、弁護士の需要が高いためだ。

これに対して、司法書士は全国にあまねく存在している。都市部で働く司法書士の数は全体の約50％にすぎない（194頁参照）。「法務局のあるところ、登記が存在する」ということで、地方に点在する法務局の近くに事務所を構えている人が多いからだ。

そして、その仕事は登記だけに限定されているわけではない。

顧客が相談をもってくる事件は、クレ・サラ事件、成年後見、裁判事件、家庭内紛争、会社法務、不動産事件と、法律問題の全てにわたっている。

地方の市町村では、法律に携わっている法曹人口（弁護士等）が少ないため、どうしても、地方にいる司法書士は市民からさまざまな相談を受けるからだ。いわゆる、「町の法律駆け込み寺」である。

つまり、司法書士は、「町の法律家」「ホームロイヤー」というわけだ。

地方で開業することも視野にいれたい

地方では、まだまだ法律専門家が少ないために、法律専門家による法的サービスが十分に提供されていない。このような状況をふまえて、司法書士の資格を取得したとき、地方で開業することも視野にいれたい。

読者のなかには、地方での開業を考えるとき、地縁がないことを不安に思う人がいるかもしれない。地方といえば人間的関係が濃厚で、いきなり開業しても駄目でないかと考える向きもあるだろう。

しかし、開業というのは都市部でも地方でも同じであり、どちらも開業したからといってすぐに仕事がくることはない。司法書士がこの地域で開業していることをその地域の人に知ってもらうことにより、徐々に仕事がくるのだ。

だが、その地域にいったん溶け込んだら、仕事がくる確率は他の競争相手（弁護士、司法書士等）が少ない分、地方のほうが格段に多い。友人をみても、都市部での開業者より、地方で開業した人のほうが平均的に収入が多いという印象がある。

また、地方の司法書士は平均して高齢化しているため、若い世代が開業した場合、仕事が依頼されるチャンスは大きい。最近、地方で開業した若い司法書士から、開業直後に金融機関等からの仕事依頼が舞い込んできたと聞いた。

全国青年司法書士協議会（若手司法書士の任意的な研修・研究団体）では、「独立開業フォーラム」等、地方での開業についての講演会を開催している。

「これからは地方の時代」ともいえる。

「独立開業ファーラム」の問合せ先

全国青年司法書士協議会　事務局
東京都新宿区四谷1－2　伊藤ビル7F
TEL：03（3359）3513
FAX：03（3359）3527
Eメール：info@zen-sei-shi.org

都市部で働く司法書士と地方で働く司法書士の比較表

	都市部の司法書士	地方の司法書士
主な業務	不動産業務が中心であるが、商業登記、クレ・サラ業務、成年後見等、専門分野に特化した司法書士も存在する。	不動産業務が業務の中心である。
専門性	すべての業務をこなすというより、会社法務分野、不動産分野、訴訟分野等、特定の分野に特化している司法書士が多く存在する。	特定の業務に特化することなく、不動産、商業、裁判、成年後見業務等あらゆる法律業務をこなす。
事務所の所在地	交通の便のいい駅前、銀行・不動産会社の近辺、法務局のそばにも事務所がある。	法務局、裁判所のそばに事務所がある場合が多い。
事務所の形態	数人の司法書士が共同で事務所を経営している事務所、他の士業（税理士、弁護士）と共同の事務所が多い。また、補助者を多く雇っている大規模事務所も見られる。	司法書士１人の個人事務所が多い。また、補助者も１、２名である場合が多い。
事務所のコンピュータ化	コンピュータ化は進んでいる。登記申請をオンライン申請している事務所もある。	事務所のコンピュータ化は都市部ほどには進んでいない。
司法書士の年齢層	20代、30代といった若い司法書士が増えている。	50代、60代の司法書士が中心である。

第3章

司法書士になるには

司法書士試験概説

一次・二次で8割以上が合格ライン

司法書士試験の流れをざっとみてみよう。

4月上旬――試験の期日・受験申請手続きなどの要項が、官報に掲載される。

5月上旬から下旬――全国の法務局、地方法務局で、受験申請書の交付と受付。

7月第1週の日曜日――筆記試験（第一次・第二次）の実施。

9月下旬――筆記試験の合格発表。

10月中旬――口述試験の実施

10月下旬から11月上旬――合格発表。合格者は官報に名前が公告され、「合格証書」が交付される。

上記のように、司法書士試験には筆記試験（一次・二次）と口述試験があるが、大事なのは筆記試験だ。毎年、7月の第1日曜日に筆記試験が行われるが、一次・二次併せて1日で行われる。一次試験は午前9時半から11時半まで（2時間）、二次試験は午後1時から4時まで（3時間）だ。

一次試験の科目は、憲法、民法、刑法、商法の4科目。

二次試験は、不動産登記法、商業登記法、民事訴訟法、民事執行法、民事保全法、司法書士法、供託法の7科目。

出題数は一次、二次とも、択一問題が35問。さらに、二次は、これに加えて不動産登記と商業登記に関する記述式問題がそれぞれ1問ずつ出される。

科目数が11と多いので、大丈夫だろうかと、不安になるかもしれないが、それはほかの受験生もみなも同じである。どの科目も、司法書士になった暁には役立つことを考えて、真剣にとりくみたい。

一次試験にでる35問の内訳は、憲法3問、民法21問、刑法3問、商法8問。これらを2時間で解かねばならないので、1問を3分半程度で解かないと間に合わない。

二次試験の内訳は、不動産登記法16問、商業登記法8問、民事訴訟法5問、民事執行法1問、民事保全法1問、供託法3問、司法書士法1問となっている。

「広く浅く」というのが、司法書士の特徴だが、一次、二次とも足きり(約7・5割以上の得点が必要)があるので、それぞれで8割から8割5分の得点をとらないと合格することはできない。

■ 司法書士の試験科目

		試験科目	問題数
一次科目		憲法	3
		民法	21
		刑法	3
		商法	8
		合計	35問
二次科目	多肢択一式	不動産登記法	16
		商業登記法	8
		民事訴訟法	5
		民事執行法	1
		民事保全法	1
		供託法	3
		司法書士法	1
		合計	35問
	記述式	不動産登記	1
		商業登記	1

■ 出願者数、合格率

年度	2000	2001	2002	2003	2004	2005	2006
出願者数	22,715	23,190	25,416	28,454	29,958	31,061	31,878
対前年度増減数	—	475	2,226	3,038	1,504	1,103	817
対前年度増減率	—	2.1%	9.6%	12.0%	5.3%	3.7%	2.6%
合格者	605	623	701	790	865	883	914
合格率	2.7%	2.7%	2.8%	2.8%	2.9%	2.8%	2.9%
男	472	479	481	591	663	636	647
女	133	144	220	199	202	247	267

満点は262点

司法書士試験の満点は262点。一次、二次とも多肢択一式の問題は各3点で、合計210点。それに不動産登記と商業登記に関する記述式問題がそれぞれ26点で、合計52点。総合して262点満点となっている。

一次試験では多肢択一式の35問に2時間をかけられるが、二次試験では3時間で多肢択一式35問と記述式2問を解かなければならない。

そのため、時間配分を考えなければならないが、記述式問題では1問につき最低45分を確保したい。そのためには、二次試験の択一問題は、1問を約2分半で解く必要がある。

あきらめずに努力すれば合格確実

司法書士試験の合格率は2・7%～2・9%。「受かれば食べていける」資格試験であるため、受験者の数は年々増え続けている。2006年は、約3万2000人が受験した。しかし、合格したのは、わずか914人である。

高卒以上、または大卒以上という学歴制限がある資格試験（税理士試験や司法試験）と違い、司法書士試験は学歴不問だ。また、受験の回数制限もなく、何度受けてもよいため、「とりあえず受験してみるか」という人が圧倒的に多い。

そのため、合格率は3%以下であることから難関試験のようにみえるが、実際は、真剣に受験している受験生は3000～4000人ほどで、そのなかでの競争と考えたほうがいいだろう。だから、あきらめずに勉強を続ければ、3～5回で受かる確率は大きい。

どの「士」業にも共通することだが、最近の司法書士試験で特徴的なのは、女性の合格者が増えていることだ（2006年は、合格者914人のうち、女性は267人／29・2%）。

私の友人にも、離婚したいと考えて、女手ひとつでも食べていけるような資格を取りたいと決意して、司法書士試験の受験を開始した女性がいる。彼女は、合格後、念願どおり離婚をはたし、子どもを育てながら開業している。

これは、女性の経済的自立が進むなか、「食べていける」資格である司法書士に注目が集っているからだろう。

合格者をみると、女性の場合、年齢的には20～30代が多く、学生やＯＬ経験者が大半を占めている。

一方、男性の場合は、年齢的に幅広く、定年退職後に受験した人も多い。

「食べていける」「定年がない」という2大メリットから、今後、ますます女性・中高年の参入が予想されそうだ。

どの勉強法を選ぶか

「予備校」「独学」「通信教育」の利点と欠点

司法書士試験を受けるための勉強には3とおりの方法がある。
「予備校に通う」「独学で学ぶ」「通信教育で学ぶ」の3つだ。
次に、それぞれの利点と欠点をあげてみよう。

■「予備校に通う」利点

①実際に司法書士試験に受かった司法書士の講師や、試験指導に定評のある講師の話がじかに聞ける。
②意志の弱い人でも予備校に通うことで、モチベーションを維持することができ、勉強を続けられる。
③受験生が集まって講義を聞いていることから、受験仲間ができやすい。

欠点

①費用が50~100万円と高い。

②地方だと、資格試験予備校自体が、自宅や職場の近くにない場合もある。

■「独学で学ぶ」利点

①費用が安く済む。10万円もあれば参考書などの本がたくさん買える。

②好きな場所・好きな時間で勉強ができる。

欠点

①予備校と異なって、分からないところを質問できる機会がなく、十分に理解できないまま、勉強を続けることになる。

②よほど精神力が強くないとモチベーションを維持することが難しく、受験仲間もできないので、勉強が続かないことがある。

■「通信教育で学ぶ」利点

①予備校ほどコストはかからない。

②予備校の講座がカセット、MD、DVDに収録されているので、好きな時間・場所で勉強ができる。

欠点

①　独学同様、強制力がないので、勉強が続かないこともある。

②　やはり、独学より費用はかかる。

③　受験仲間ができない。

④　わからないところをすぐに質問することはできない。ただし、質問状を出すことはできる。

3つともそれぞれに利点と欠点があるので、自分にあった勉強法を選べばよい。

忙しい社会人や予備校に通えない人の場合は、通信教育で学ぶ人が多い。しかし、いずれの方法を選ぼうと、「自分の実力がどの辺にあるのか」を知る意味で、予備校が本試験前に実施する模試を受けることは必要だ。

合格者の99％は、模試を受けていると推測できる。

自分にあった予備校を選ぶ

通学するにしろ、通信を利用するにしろ、受験生の大半が予備校を利用している。ここでは、代表的な司法書士試験の予備校である4校について、その特長をみてみよう。

① 司法学院

司法書士試験専門の予備校で、看板は学院長である司法書士の山本利明氏。スローガンは、「確実合格」と「実力派司法書士の育成」。

山本氏が中心になって作成した「基本書」と言われる分厚いテキストが特徴であり、そのテキストを何度も読むことが合格の秘訣とされている。

2006年現在、校舎は全国に11ヵ所あるが、予備校の数が少ないのが難点だろう。

② 東京リーガルマインド（LEC）

司法書士のほか、行政書士や公務員関係の試験など、さまざまな資格試験の予備校である。全国に展開しているため、講師も生徒も多い。

1年目は入門講義、2年目は発展講義や答案練習会（答練）が中心となっているため、法律知識ゼロから始めても、1年後には、かなりのレベルまでたどりつける仕組みになっている。

答案模擬試験の規模が大きく、1回につき約5000人が受験している。

③　伊藤塾

現在は各種資格試験予備校となっているが、出発は「伊藤真の司法試験塾」（1995年開始）。そのため、この塾の看板は、塾長である伊藤真氏。彼は、講義が上手なことで定評がある。校舎は全国に8カ所、うち1ヵ所は通信教育専門の「在宅校」となっている。校舎が都市部に集中していることから、地方の受験生が通うには不便かもしれない。

④　早稲田セミナー

司法試験中心の予備校だったが、20年ほど前から各種資格試験予備校になっている。ここには、司法書士試験の「短期合格指導の革命児」と言われる竹下貴浩氏がいる。

1年目は基礎講座、2年目で答案練習会となっているが、基礎講座を受講中でも受けることができる答練も実施されている。

また、同セミナーでは、司法書士試験の全受験生の半数が読んでいると言われる『司法書士Ｗｉｎ』という、司法書士受験生向けの専門情報誌（月1回発行、1部500円）を出している。これはぜひ読んでおきたい。受験情報の宝庫である。

いずれの予備校を選ぶにしろ、学校まかせではなく、あくまで「主体は自分だ」ということを銘記したい。どの予備校においてもガイダンスを実施しているので、ぜひ参加して自分に合う予備校を選択していただきたい。

科目別勉強方法

合格への近道は六法と親しむこと

司法書士試験を受けるとき、必ず必要なものが六法だ。

六法とは、国の基本の法律を定めたもので、憲法、民法、刑法、商法、民事訴訟法、刑事訴訟法の6つの法律を指している。

また、6つの法律を指すとともに、それらが掲載されている本も『六法』と呼ばれ、書店でさまざまな『六法』が販売されている。

法律の解釈の指針が判決だが、その判決まで載っている『六法』が司法書士受験には便利だ。受験生によく使われているものとしては『模範六法』(三省堂)、『判例六法』(有斐閣)などが代表的な『六法』だろう。

また、登記法の分野では先例の学習が必要であるが、この先例が掲載されている『登記六法』という『六法』もある。

司法書士受験においては常に、『六法』を傍らに置いて勉強することを勧めるが、持ち歩くにはかなり重い代物だ。そのため、受験生のなかには、「憲法」「民法」「不動産登記法」といった法律ごとに本をバラバラに分解して使っている人もいる。

また、法律は、時代にあわせて改正されるので、『六法』も常に新しいものを使う必要がある。長年受験していると、毎年『六法』を買うことから、『六法』ばかりがたまっていくということにもなる。

バラバラにしてでも、できるだけ『六法』と親しみ、早く司法書士試験に合格しよう。

「民法」ができれば合格率は高い

一次試験に出る35問のうち、21問が民法分野から出題される。これは全体の6割を占めるもので、民法ができれば合格は近いと思っていいだろう。

民法は法律の基本が学べる大切なものなので、まず民法から学ぶ人が多いし、予備校の講義も民法から始めているコースが多い。

民法の条文は第1条から第1044条まであり、「総則」「物権」「債権」「親族」「相続」の5編から成っている。民法は、公的な組織のあり方や活動を規制する「公法」(憲法や刑法等)に対して、「私法」とよばれ、私人間の法律関係の規律を目的とする法律だ。

「物権」は物に対する権利を、「債権」は人に対する権利を規定したもので、2つとも私有財産関係の法令である。また、「親族」「相続」は家族関係の法令である。

民法は判例も何千とあるので、学ぶにはどうしても時間がかかる。しかし、民法の理解は、ほかの科目の理解にもつながるので、司法書士試験の受験勉強の時間の半分は民法にあてるつもりでとりくみ、ぜひとも得意科目としてほしい。

「商法」は条文の正確な知識が必要

商法は民法に次いで一次試験では重要な科目であり、例年、一次試験35問中8問が商法から出題される。商法は二次試験の科目である商業登記法の基礎にあたる法律なので、しっかりと条文を理解し、正確な知識をもっておくことが必要だ。

民法や刑法では、学説や判例に関する問題が出るが、商法では、条文さえ理解していれば答えられる問題が大半である。その意味でも、条文の正確な知識が合格のカギになるといえる。

出題の内容は、株式会社に関するものが8問中7問にも及ぶので、株式会社に関して集中的に学ぶことが必要だ。社会のなかで株式会社などの会社が果たしている役割を理解するためには、新聞の株式欄を読んだり、新株予約権や会社の合併など、話題になっているニュースに注目することもいいだろう。

勉強を進めるとき、商法と商業登記法をあわせて勉強するのも効果的だ。

欠かせない国の基本法である「憲法」

憲法は、一次試験35問中3問と、出題数は少ないが、国の基本法であることから、欠かすことのできない科目だ。また、中学時代から憲法について学習するのでなじみもある。

憲法は、基本的人権と、三権分立など国の統治体制の基礎を定めた法で、１０３の条文からなっている。

憲法に関する出題は、人権から1問、統治から1問、全体から1問というように出題されている。また条文のみで解答を導ける問題もあれば、学説を理解していないと解答を導けない問題もある。

たとえば、「個人のもつプライバシーと報道の自由をどのように考えるか」、「人権とはどのようなもので、それをどう守るか」などである。憲法の条文そのものを読み込むことが最低条件だ。

過去問と答練できたえる「刑法」

刑法も、憲法と同じように、一次試験35問中3問しか出題されない。しかし、これも欠かすことのできない科目だ。刑法を学ぶうえで初心者にはとっつきにくい用語が多いかもしれないが、受験を機会に、基礎からマスターすることを勧めたい。

たとえば、どういうことをしたら殺人に当たるのか。ある1人が実際に人を殺したとしよう。他の人から命令されて殺人を犯した場合、命令した人はどういう罪になるのだろうか。そんなことなど、具体的な場面を想定しながら条文を読んでいけば、刑法はイメージしやすい法律となるだろう。

刑法においては、とにかく過去に出題された問題を解き、答案練習会に出題された問題で訓練をつむことが必要だ。

オンライン申請を視野に「不動産登記法」の勉強を

不動産登記法は、二次試験のなかでいちばんウエイトの大きい科目だ。択一問題35問のうち16問と、4割以上を占めている。

司法書士になった際、不動産登記の仕事は収入の大半を占める業務なので、不動産登記法は、みっちりと勉強しておく必要がある。

2005（平成17）年3月、不動産登記法の大改正が行われた。これによって、これまでの紙による登記申請から、コンピュータ処理による登記申請（オンライン申請）に変えることを前提とした不動産登記制度になった。そのため、これからの受験生は、電子申請を前提にした勉強をする必要がある。

また、不動産の所有権や抵当権などは、民法の「物権」「債権」の考え方が中心となっているので、不動産登記法を勉強する前提として、民法を十分に理解しておかなければならないということになる。

「商業登記法」は先例に注意

商業登記法は、二次試験の択一問題35問中、8問出題される。一次試験の商法と同じく、株式会社に関する出題が多い。しかし、合名・合資・合同会社からも、さらに社団法人・財団法人からも出題されることがあるので、ひととおりは勉強しておくべきだろう。

そして、商業登記も、そのベースは商法（会社法）だ。まずは商法を完全にマスターしたうえで、商業登記を勉強する必要がある。8問のうち、会社に関する問題が7問とすれば、あとの1問は法人登記に関して出題されることが多い。

商業登記法は、先例を中心として出題されるので、先例集を手元においてくりかえし確認することが、商業登記法征服への近道である。

手を抜けない「民事訴訟法」「民事執行法」「民事保全法」

二次試験の択一問題35問のうち、7問が、民事訴訟法（5問）、民事執行法（1問）、民事保全法（1問）から出題される。

2002（平成14）年3月から司法書士法が改正されて、司法書士は簡易裁判所の訴訟代理人となって訴訟活動ができるようになった。そのため、業務に直結する民事訴訟法は、いままで以上にしっかり勉強する必要がある。

民事訴訟法、民事執行法、民事保全法から出題される7問は、35問のうち2割を占めている。たかが2割と思うかもしれないが、二次試験の択一問題においても「足きり」があるので、手を抜くことは許されない。条文を読みこんでおけば、条文からの問題が中心であることから、確実に点をとることができる科目である。

正解して当然の「司法書士法」「供託法」

司法書士になることを目指している人にとって、「司法書士とは何か」「どのような権限があり、何を守らなければならないか」を定めている司法書士法を知らないことは、許されない。

二次試験の択一問題では1問しか出題されないが、確実に正解してほしい。というより、「この問題を間違えたら恥ずかしい」という気持ちで、勉強してほしい。

また、供託法は二次試験で3問が出されるが、この供託法も勉強すれば必ず点がとれる科目だ。供託は、司法書士の業務のひとつなので、供託法の知識は司法書士になったとき、必ず生きてくる。司法書士試験を受験する機会に、しっかり理解しておいてほしい。

司法書士法、供託法は、「正解して当然」。だから「全問正解」を狙いたい。

過去問をたくさん解いて「記述式・不動産登記」になじむ

不動産登記に関する記述式の問題においては、実際に法務局に出す申請書を作成するというものである。その際、司法書士が実務で行うことを問う問題が中心となる。

たとえば、相続登記をするときには、どういう書類が必要であり、また、売買による所有権移転登記では、どのような書類が必要であるかなども問われる。

普段、司法書士の業務にかかわっている人には簡単な問題だが、これから司法書士になろうという人、また司法書士の業務にかかわっていない人にとっては、全くなじみのない問題だ。しかし、当然のことながら、実務経験がなくても問題は解くことができる。

勉強の際に、書く練習をつむことだ。過去の本試験に出された問題を何度も解き、予備校などが行っている答案練習会で経験をかさねることで、記述式に対する自信はついていく。本試験では、8割の正解で合格ラインに到達する。ただし、実務では常に100点の正解が要求される。依頼者から受任した仕事における不動産登記の申請は、間違えるわけにはいかないのである。

答案練習会で訓練をつみたい「記述式・商業登記」

記述式の商業登記も不動産登記と同様、司法書士が実務で行っていることが問題に問われる。ここでも択一問題と同じように株式会社に関する問題が中心であり、役員変更に関する登記や、募集株式の発行に関する登記などが出題される。

とくに、2006（平成18）年5月から、会社法が変わり新しくなったので、新会社法について勉強しておく必要がある。

対策は、不動産登記同様、過去の本試験の問題を分析して、予備校が実施する答案練習会で訓練をつむことだ。ただし、会社法は大きく改正されているので、本試験の問題集も、改正法へ対応がなされている問題集を選んでほしい。

択一式の問題がよくできても、記述式ができなければ、「足きり」があるので、合格はできない。26点満点の21点以上、つまり8割以上の点数をとることが合格ラインとして要求されていることが多い。

7月の本試験にあわせる「受験勉強の年間スケジュール」

7月の第1週の日曜日に司法書士試験があるので、その日に、合格レベルにもっていくようなスケジュールをたてる必要がある。

まず、4月から年内の12月までは、インプットを中心に勉強し、基礎を固める。つまり基礎4科目である民法、商法、不動産登記法、商業登記法をみっちり勉強する。記述式の不動産登記と商業登記に関しても、書き方・解き方をみっちりと学んでおくことが大切だ。

翌年1月から3月までは、基礎4科目以外の科目、憲法、刑法、民事訴訟法、民事執行法、民事保全法、司法書士法、供託法の7科目を集中的に勉強する。もちろん、その間には、基礎の4科目もアウトプット、つまり問題演習を中心に平行して勉強しつつである。

4月から6月までは、すべての科目について問題練習に明け暮れる。過去の本試験の問題をじっくり解き、予備校などが行う模擬試験を受けることだ。

そして、7月の本試験に臨む。

10月に筆記試験の合格発表があるが、残念ながら司法書士試験に落ちた場合、2年目の勉強は、来年1月からなどと言わずに10月から開始する。10月からその年の12月までは、自分の苦手な科目を重点的に勉強し、1月からは、予備校などが行っている答案練習会に積極的に参加して、力をつける。

2年目からの勉強方法はアウトプットに重点を置いてほしい。しかし、本試験後、はっきりと実力不足と思った場合には、本試験直後から勉強を再開しよう。合格するまでは、とにかく毎日勉強する必要がある。

合格者の受験回数をみると、平均3～4回で試験に合格している人が多いが、試験期間が長い人では10回以上受験したという合格者もよく聞く。こういう人は仕事をしながら受験している場合が多い。

しかし、目標をもって、しっかり勉強していれば、3～5回目には受かる試験である。受験回数が多い人は、この機会に自分の勉強方法を見直してほしい。

「本試験直前期」は、試験と同じ時間割でリズム感を養う

本試験直前の1ヵ月前からは、試験当日の時間にあわせて、科目も同じものを勉強する。つまり、一次の午前9時半から11時半までは、憲法、民法、刑法、商法の4科目。二次試験のある午後1時から4時までは、不動産登記法、商業登記法、民事訴訟法、民事執行法、民事保全法、司法書士法、供託法の7科目を勉強し、記述式の不動産登記と商業登記に関する問題をそれぞれ1問ずつ解いてみる。

そうすることで、試験当日の時間割りになれておく。そして、それ以外の時間は、ミスをしたところ、理解できていないところの復習に努める。

また、試験の行われるのは日曜日であるから、1ヵ月前から、日曜日は体のリズムを本試験にあわせるように心がける。

私の場合は、本試験2週間前の日曜日から、本試験の行われる横浜の会場まで出かけた。駅に8時に着くように家を出て、9時まで本試験会場の近くの喫茶店で勉強した。9時半から本試験会場となる大学で勉強したかったが、休日は教室に入れないことが普

通である。そこで9時半には本試験会場に近い予備校へ行き、そこで試験当日と同じ時間割で、同じ科目の問題を解いた。そのような感じで本試験の前々週と前週の2回、くりかえして行った。

実際に、試験会場まで足を運ぶことで、いろんなことが分かる。日曜日の電車のダイヤはどのようになっているか。電車が遅れたときはどう対応するか。電車の中では座れるのか。家から試験会場に着くまで、どれくらいの時間があり、何が読めるか、などなど。

試験は1年に1度しかないので、その1度に自分が最大限力を発揮できるように、前もって危機管理をしておくことが大切だ。その意味で、リハーサルは欠かせない。また、リハーサルをやっておくことで、当日、緊張することもなくなるだろう。

確実に自分の力を、まさに、本試験当日に発揮するためには、やはり、それなりの準備と努力が必要だ。

年間を通して行いたい「健康管理」

よく、試験の直前になって体調を崩す人がでてくる。また、受験勉強がよくできていた人ほど、試験が近づくと眠れなくなることが多い。もし、インフルエンザで3日間寝込めば、100まで積み上げた実力が50に落ちることになる。実力があっても試験に失敗する人は、健康管理も含めて用意が足りないからだとも言える。

本番で失敗しないためには、年間を通じて、自分の健康は自分で管理することが大切だ。睡眠時間をどう確保するかなどを考えたうえで、リズム感のある生活を続けたい。

受験勉強中は、どうしても勉強中心の生活で、運動不足にも陥りがち。体操や何かしらの運動を続けることも考えたい。走ることもいいだろうし、スポーツジムに通うこともいいだろう。私の場合は、週に2回、合気道の道場に通い、けいこをした。集中力も養えたし、気分転換にもなって、自分にとっては非常にプラスになった。とにかく受験勉強は長丁場になるので、気分転換も含めて、何らかの運動をすることをお勧めする。

使ってよかったこんな「もの」

自分の実力を思いっきり発揮するためには、「もの」にもこだわりたい。

私の場合には、まず、ボールペンにこだわった。二次試験の記述式の不動産登記と商業登記に関する問題では、たくさんの文字を書くので、手が疲れないボールペンがほしかった。それで、いろいろなメーカーのボールペンをたくさん買ってきて、書き味、汚れの程度などを調べ、自分にいちばん使いやすいものを選んだ。

また、7月の暑い時期、それも梅雨の合間などで非常に暑くなる時期に試験が行われるため、本試験の会場にはタオル以外にお絞りを持っていった。

私が受験した当時は、まだ会場に冷房がなかったので、短パン、Tシャツ、首に巻くタオルも用意して試験に臨んだ。しかし、今は冷房が完備されているので、逆に、夏の服装では寒くなることも多い。上に羽織るものを持っていくなどの冷房対策が必要だろう。

ストップウオッチやキッチンタイマーもあると便利だ。

本試験の直前期には、常に時間を意識した勉強を行う必要がある。ストップウオッチやキッチンタイマーが傍らにあれば、決められた時間にどれくらいの問題が解けるかをはかることができる。たとえば、2時間でどれだけ択一の問題がとけるかを計ると40問である等。また、1日に正味何時間勉強したかも、ストップウオッチでトータルにはかることができる。

付箋も便利だ。私は大・中・小の付箋を用意して、要点を書いてテキストに張り、覚えたらはがして、捨てる、というような使い方をした。

また、小さなコピー機があると便利だ。覚えたい条文やテキストの部分をコピーして、ちょっとした外出時などに持っていって覚えるのだ。覚えたら、捨てればいい。記述式問題の答案用紙をコピーするのにも便利だ。

スケジュール管理のために手帳も必要だ。毎朝、その日1日に勉強することを手帳に書き出して、1つ終わったら、それをぬりつぶしていく。そうすることで、目的をもって時間を有効に使うことができる。

合格はボロボロのテキスト・ノートから

予備校で講義をしていると、よく、テキストやノートをきれいに色分けして、整理している人を見かける。

たぶん、その人はきれい好きで、几帳面な人なのだろうが、そんな人に限って、合格する可能性は低い。長年、受験生を見ている私の経験からみても、またほかの指導者に聞いても、結論は同じようだ。

なぜ、きれいにテキストやノートを色分けしている人が、合格しないかというと、その人たちは、テキストやノートをきれいに色分けするということで満足してしまうからだ。

また、理解が進んでいないうちにテキストを色分けしても、あまり意味がないということも言える。知識の整理はノートで行わず、頭の中で行う。

合格したいなら、テキストはボロボロにして使うことをお勧めする。きれいなテキストを残して不合格になるより、テキストをボロボロになるまで使って、しっかり合格としよう。

タイプ別勉強法

置かれた環境によって異なる勉強法

司法書士の試験を受けるに当たって、その学習方法は、それぞれの受験生が置かれた環境によって異なる。学生、無職、社会人、主婦（夫）、派遣業の仕事をしている人、夜仕事をしている人、定年退職した人など、勉強に当てる時間も1人ひとり違うはずだ。それぞれが、自分の空いている時間を使って、これまで自分がやってきた経験をいかしながら勉強するのが、合格への近道だ。

司法書士試験に合格するには、1年間に1500時間以上の勉強が必要だと言われているが、大事なのは時間の量よりその中味だ。質をいかに保つかが重大だ。質がともなわない勉強をいくらしても、合格には結びつかない。

インプット（知識をつめこむこと）を中心にするのか、アウトプット（問題練習）を中心に行うのか、それとも独学で勉強するのか、予備校に通うのか。どれを選ぶのかによって、勉強方法は異なってくる。

また、受験勉強開始時、追い込み時期の違いによっても、異なってくる。

各自が、自分にあった勉強方法と時間を確保することが大事だ。

短期合格は受験勉強に集中すること――学生の勉強方法

一般的に学生、とくに大学生や大学院生は、昼間は学校に行っているので、試験のための勉強時間が確保できるのは、夕方から夜までと、休日が中心となるであろう。

受験勉強を始めてから1年以内に試験に合格するのが理想だが、実際、司法書士試験を一発で合格する人はごく少数なので、1年目は試しとして、2年目は本番という気持ちで、2年間ぐらいの計画で勉強のスケジュールを考えたらいいだろう。

大学などの学校を卒業するころに受かるためには、まず、1年目はインプットを中心とした勉強をする。たとえば、夕方から夜にかけて予備校に通って、テキストの予習・復習や本試験過去問の分析等に注力する。

2年目は、受験予備校が実施する答案練習会や全国模試を受けるといったアウトプット中心の勉強をすることだ。アルバイトをしている学生も多いだろうが、早期に合格したいなら、まず受験勉強に集中することだ。受験予備校を利用する場合、その受講料はけっこう高額である。しかし、早く司法書士試験に合格して、司法書士になれば、それくらいの

金額はすぐ取り戻せる。だからこそ1年でも早く合格することを目標にして、受験勉強に集中しよう。

■学生受験生の1日（サンプル）

学校がある日

	睡眠 6H
6:30	朝食・朝支度 1H
7:30	通学 1H
8:30	大学 7H
15:30	午後の勉強 2H
17:30	通学・移動時間 1H
18:30	予備校 3H
21:30	通学・移動時間 1H
22:30	夕食 1H
23:30	お風呂・翌日の用意 1H
0:30	

学校がない日

	睡眠 6.5H
7:00	朝食・朝支度 1H
8:00	午前の勉強 4H
12:00	昼食 1H
13:00	午後の勉強 4H
17:00	散歩・運動 0.5H
17:30	通学・移動時間 1H
18:30	予備校 3H
21:30	通学・移動時間 1H
22:30	夕食 1H
23:30	お風呂・翌日の用意 1H
0:30	

短期でいかに自分の能力をアップさせるか——専業受験生の勉強方法

専業受験生となる道には2つある。ひとつは、大学や高校、専門学校を卒業して、受験を続ける場合。もうひとつは、20代~40代の人で会社等に勤めていたが、勤め先を早期退職して受験生になる場合だ。

どちらの場合も、1日中、受験勉強のために時間を使えるというのがメリットだ。しかし、その反面、収入、社会的身分がないということがデメリットになる。とくに収入のないまま、何年も受験勉強をしているということは、生活においても、精神上においても苦しくなる。だからこそ、一刻も早く合格して司法書士の資格を手に入れることが必要だ。そのため、受験勉強では、できるだけ短期間で、いかに自分の能力をアップさせ、合格レベルまでもっていけるかが重要なポイントとなる。

いちばん効率的なのは、やはり受験予備校に通うことだろう。受験予備校の受講料は高いが、独学よりもはるかに効率的である。予備校の予習・復習を行いつつ、試験の直前期にはアウトプットを中心とした勉強をすれば、1年で合格レベルには達する。あくまでも合格レベルであって、「合格」ではないが、短期合格は果たせるであろう。

1日の時間割りのプランとしては、勉強に当てる時間を午前中に3時間、午後3時間、夜3時間の合計9時間とし、夜は予備校に通うというものが理想的だろう。翌日の朝を前日の予備校の講義の復習に当て、午後は過去問等を問く等のアウトプットに当てる。

このようにすれば、確実に1年で合格ラインになる。

専業受験生の多くに言えることは、時間があるぶん、どうしても受験期間中の生活がだらだらしがちになることが多いということだ。

「自分には収入も資格も何もないのだ」ということを肝に銘じて、合格をめざして、必死に勉強に取り組むことが大事だ。

合格者の7割程度が、この専業受験生であることを、付け加えておこう。

■ 専業受験生の１日（サンプル）

予備校がある日

時刻	予備校がある日
	睡眠 7H
7:30	朝食・朝支度 1H
8:30	午前の勉強 3.5H
12:00	昼食 1H
13:00	午後の勉強 4H
17:00	散歩・運動 0.5H
17:30	通学 1H
18:30	予備校 3H
21:30	通学 1H
22:30	夕食 1H
23:30	お風呂・翌日の用意 1H
0:30	

予備校がない日

時刻	予備校がない日
	睡眠 7H
7:30	朝食・朝支度 1H
8:30	午前の勉強 3.5H
12:00	昼食 1H
13:00	午後の勉強 4H
17:00	散歩・運動 1H
18:00	夕食 1H
19:00	夜の勉強 3.5H
22:30	テレビ・趣味 1H
23:30	お風呂・翌日の用意 1H
0:30	

年間1500時間を確保したい──社会人の勉強方法

社会人の勉強方法として問題になるのは、まず「時間がない」ということだ。そのため、いかにして少しでも多くの勉強時間を確保できるかが合格のポイントになる。

仕事をしながらであっても、自分が通える範囲に受験予備校があるなら、1年目は、予備校に通うのがベストである。独学よりもはるかに効率的である。どうしても仕事のために、夜遅くまで自分の時間がつくれず、受験予備校の講義の開始時間に間にあわない人は、予備校の講義を収録したテープやDVDが送付される通信教育を受けるのもいいだろう。ただし、自分ひとりで勉強し、自分でスケジュールを管理するので、よほど自分に厳しくないと予定が遅れがちになる。

社会人が勉強時間を確保するためのサンプルをひとつ示そう。

早朝5時に起きて7時まで、2時間勉強する。会社まで電車で通う人は通勤時間も利用しよう。通勤時間が長いほど勉強できる。昼休みも、すこしでも時間があればテキストを読むなどに利用。そして、夜は、予備校がある日には予備校に通学する。予備校のない日であっても、すぐに帰宅しないで自習室などで勉強する。

平日は1日3時間以上、土日は6時間以上を確保し、1年間で最低でも1500時間の勉強時間を確保したい。それだけの勉強時間が確保できたら、勉強に集中できたということで、合格の可能性は高くなる。

なお、家庭をもっている社会人は、自宅での勉強時間がなかなか確保しにくいかもしれない。そうであれば、予備校の自習室や公共図書館の自習室を利用しよう。ファミリーレストランで勉強するのもいいだろう。コーヒーはおかわり自由である。

社会人受験生の１日（サンプル）

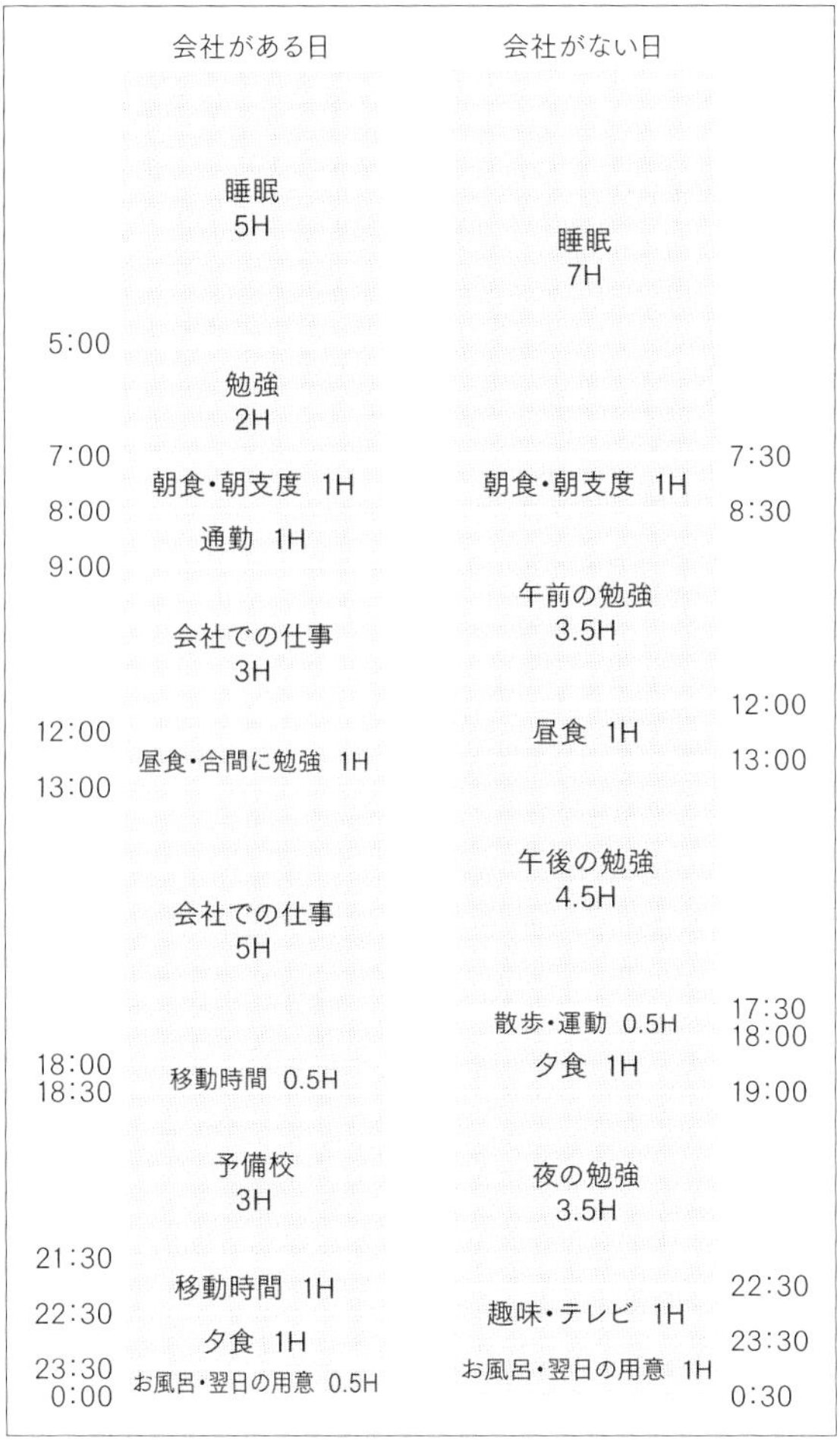

家事の合間に――主婦（夫）の勉強方法

主婦（夫）が受験勉強を始める前に、まずやらなければならないことは、受験勉強をすることについて「家族の理解を得る」ことである。

受験勉強にはある程度のお金がかかることもあるが、夫（妻）、子どもたちの理解がなければ、何年も司法書士試験の受験勉強を続けることは不可能だ。まず、夫（妻）や子どもに司法書士試験を受けたい、司法書士として活躍したいということを話して、受験勉強をすることの承諾をもらおう。

しかし、受験勉強に対して理解してもらったとしても、これまでしていた家事をおろそかにはできないだろう。だからこそ、家族に迷惑をかけないような受験勉強計画をつくる必要がある。主婦（夫）の場合は、短期合格を狙うのではなく、最低3年くらいの計画を立てた方がいいかもしれない。

1年目は勉強のペースをつかむことに重点を置く。2年目は予備校の教材を利用してインプットを中心にした勉強をする。3年目は答案練習会等のアウトプットを中心におく。ただ、司法書士受験予備校へ通学するとなると、1日のうち、ある程度まとまった時間が必要となる。そこで、予備校の利用方法は通信教育を中心としたものにするといいかもしれない。直前期の公開模試くらいは会場に行って、受けるようにすればいいだろう。

1日の勉強の配分については、専業主婦（夫）なら、たとえば10時まで家事をして、10時から2時間を予備校の通信教育を聞きながらの勉強、午後は昼食後、1時から4時までの3時間を同様に勉強するというモデルが考えられる。これで、平日には5時間以上の勉強時間を確保する。

土曜日や日曜日は、おそらく、家族と一緒に過ごさなければならないだろうから、勉強はできないことを前提に考えよう。それでも、1年間で1300時間以上は確保できる。子どもがいる人は、夜は子どもと一緒に勉強するという方法もある。親の勉強姿を見せることは、子どもにとっても大変いいことである。

主婦（夫）受験生の１日（サンプル）

時刻	内容
	睡眠 6.5H
6:30	朝食・朝支度 1H
7:30	家事 2.5H
10:00	午前の勉強 2H
12:00	昼食 1H
13:00	午後の勉強 3H
16:00	家事 2H
18:00	夕食 1H
19:00	家族団らん（できれば勉強） 2.5H
21:30	テレビ・趣味 1.5H
23:00	お風呂 1H
0:00	

記憶力・集中力を高める――定年退職者の勉強方法

近年、50代、60代の受験生が増えている。

それは、定年退職してから、第2、第3の人生に司法書士を選んでも、司法書士には定年がないし、前述したように、50代や60代の人にも司法書士としての仕事は十分にあるからだ。

司法書士など「士」業は、人と人とのコミュニケーションを大切にするアレンジャー的・コーディネーター的要素が多い職業だ。そして、アレンジする場合、人生経験・職業経験とも豊富な50代、60代の方が顧客に信頼されやすいのは当然である。

その意味で、60歳でいったん定年退職してから開業しても、その後20年ちかく現役で活躍できるので、年齢はハンディにならない。

しかし、司法書士は司法書士試験に合格しなければなることができない。定年退職者の受験について問題となるのは、加齢によって年々衰えてくる記憶力・集中力の低下にどう対処するかだ。

試験では、短時間で多くの問題を解答しなければならないので、問題処理能力のアップもはかる必要がある。

司法書士が試験に要求される記憶力・集中力・問題処理能力の向上のためには、これらを意識しながらの訓練をしよう。

それには、合格までの期間を3～5年と想定して、1、2年目はインプットを中心に（ただし、人の2、3倍は勉強したことをくりかえすことが必要であるが）、3、4年目はアウトプットを中心に勉強すればいいだろう。

資金的には余裕があるだろうから、家にこもらずに、予備校などを利用し、周りの若い受験生から刺激を受けつつ、何度もくりかえし勉強することだ。

高齢のため、勉強しても、成績はなかなか上がらないかもしれない。しかし、じっくりと腰をすえて勉強すれば、必ず結果が出るはずである。

■ 定年退職者受験生の１日（サンプル）

時刻	内容
	睡眠 6.5H
6:00	
	朝食・朝の運動 1.5H
7:30	
	午前の勉強 4H
11:30	
	昼食 1H
12:30	
	午後の勉強 4H
16:30	
	散歩・運動 1.5H
18:00	
	夕食 1H
19:00	
	夜の勉強 2.5H
21:30	
	趣味・テレビ 1H
22:30	
	お風呂・翌日の支度 1H
23:30	

第4章

合格後の道

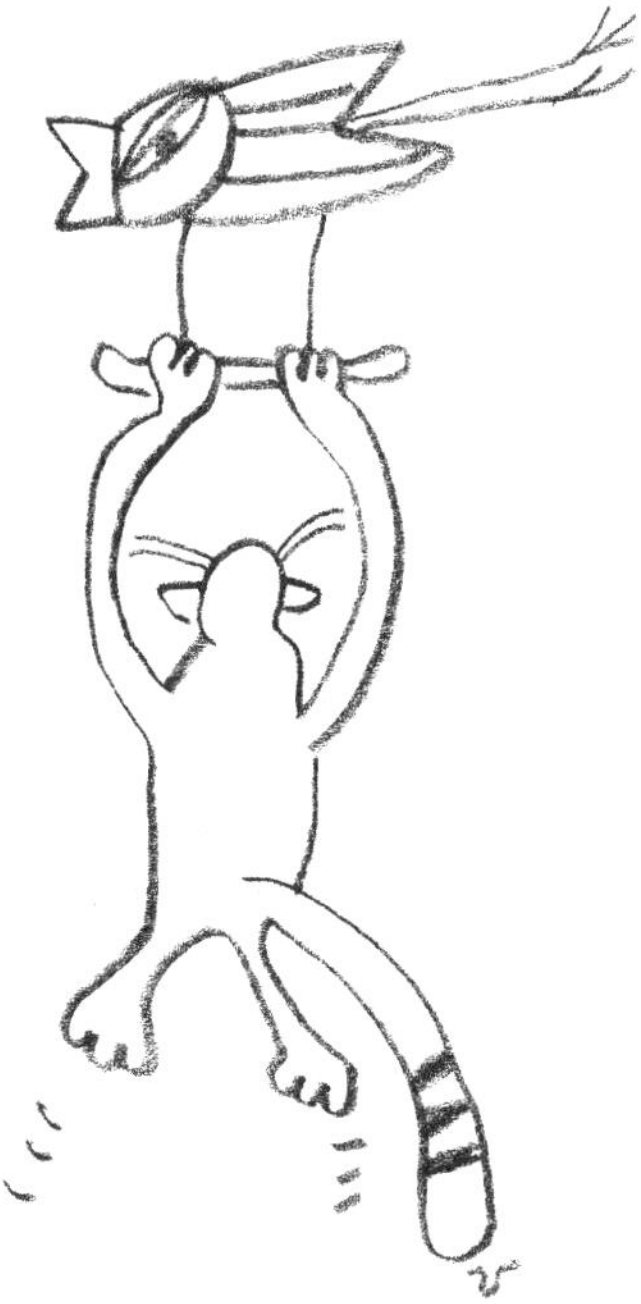

合格してから独立するまで

開業の前にまず「日本司法書士会連合会」に「登録」

司法書士試験に合格しても、すぐには開業できない。

まず、行わなくてはならないのが司法書士としての「登録」だ。都府県ごと（北海道には4つある）に置かれた50ヵ所の司法書士会を通じて、日本司法書士会連合会に、氏名、住所、事務所所在地などの必要事項を「登録」しなければならない。

登録するには登録免許税（金3万円）がかかるが、もし、そこに登録しないままに開業すれば、司法書士法違反になり、罰せられる。だから、登録する必要がある。

日本司法書士会連合会は全国にある司法書士会の取りまとめをしている会で、日本に1つしかない。

コラム

40歳過ぎの「青年」が集う任意団体

「青年司法書士協議会」というものがある。これは、都道府県ごとに組織されている司法書士の任意団体で、法律や業務について独自の研修をしたり運動をしたりしている司法書士の集りである。参加している人には、開業まもない人が多いが、「青年」会と名はついているものの、30代・40代の人が多い。

青年会では、新前司法書士が、新しい業務にどのように対応していくのかを先輩司法書士に相談したり、全員で今後の司法書士としてのあり方をどうすべきかなどを討論したりする。

多くの司法書士は単独で開業していることが多いだけに、どうしてもヨコのつながりが薄くなりがちである。そのため、仕事について相談できる人を探したり、経営について相談できる人をつくるために、青年司法書士協議会に入会している「若手」司法書士は多い。

「司法書士会」は強制会

司法書士として仕事をするためには、日本司法書士会連合会への登録と同時に、司法書士会に加入することも義務づけられている。

加入するもしないも自由である業界団体ではなく、そこに加入しないと司法書士として活動できないという「強制会」だ。しかも会費がかかる。

同会は、連合会への登録の取り次ぎのほかに、司法書士のためにさまざまな研修を開いている。司法書士の実務経験のない人が実務知識を得るには貴重な場となっている。

同時に、市民から司法書士に関連した相談があった場合には、適当な司法書士を紹介したりもする。また、市民のために相談会を行ったりもしている。

一方で、司法書士の綱紀の維持や風紀に目を光らせ、倫理に反した行いがあれば、直ちに取り締まるのも司法書士会の役目だ。

「強制会」であるため、会を脱会したら、それが司法書士をやめるときでもある。

「法務局」で、自分の家の謄本をとってみよう

法務局は、司法書士が不動産登記や商業登記などの申請を行ったり、登記簿謄本を取得することができる官公庁である。

司法書士になれば、何十年と法務局とつきあうことになるので、いままで、一度も法務局に行ったことがない人は、受験中に法務局を訪れて、どんな仕事を行っているか見学するといい。法務局は全国に５００カ所以上ある。法務局のホームページにその所在地が掲載されているので、探して行ってみよう。

まずは、法務局で自分が住んでいる家の謄本を取得してみることをお勧めしたい。会社に勤めていれば、自分の会社の謄本（商業登記簿謄本）をとってみるのもいいだろう。住所表示と地番表示の違いが分かったり、また、「社長」は法律上の言葉ではなく、「代表取締役」であることなどがわかったりして、受験勉強にも十分役立つはずだ。

合格しても研修、研修

司法書士になれても、合格しただけの知識では、司法書士がすべき多岐にわたる仕事に、すぐには対応できない。また、次々と制定されたり、改正される法律に対応するためにも、日々の勉強は欠かせない。

そのため、全国にある司法書士会およびその総括団体である日本司法書士会連合会では、毎週のようにさまざまな研修会を行っている。そのすべてに参加することは不可能なので、自分がやりたい業務のためになる研修を選んで出席することをおすすめする。そうでもしないと研修ばかりに出席して、混乱することとなる。

また、司法書士も法律家である。法律家の論理を身につけるべき研修もある。この研修は何年に1度か受けることを義務づけられている。

ここ数年は法律の改正が多いので、改正法対応のために開催される研修会の数がとくに増えている。時間が許すかぎり、いろいろな研修会に積極的に参加して、自分の仕事の幅を広げていってほしい。

コラム

司法書士の資格にプラスする資格

不動産登記の場合、土地表示の登記の際に、その申請は土地家屋調査士が行うので、司法書士でも、土地家屋調査士の資格を併せてもっている人は多い。

農地だった土地を宅地に転換する場合の行政手続きに関する一般的な仕事、また、会社設立後の許認可関係の手続きのために行政書士の資格をもっている司法書士も多い。

その他、会社設立後の労務関係の手続きを行うことができることから、、社会保険労務士の資格をとる司法書士もいる。また、少数ながら税理士の資格を併せもつ司法書士もいる。

それぞれの「士」業でできる業務範囲は決まっているので、相互に補完する意味で、司法書士と併せもつと有利なライセンスはいろいろある。しかし、それは仕事の幅を広げるうえでは有効だが、司法書士業務をしていく上でのメリットになるかは疑問だ。むしろ、専門性を高めて、自分の得意とする業務に特化していく司法書士のほうが生き残れる可能性はあるのではないだろうか。

司法書士として働く3つの道

開業――期限を区切って研修する

司法書士として働くには、大きく分けて3つの道がある。まずは、自分で司法書士業を開業する道。2つ目は、勤務司法書士になる道。3つ目が、企業で勤務する道だ。

3つのなかでいちばん多いのはやはり「開業」する道だ。地方の場合は、ほとんどの人が合格後1年以内に開業している。東京など大都市部では、20歳代の「若年」合格者が増えていること、大事務所などで勤務司法書士になる人が増えていることなどから、地方より開業率は低いようだ。

しかし、試験に合格しただけの知識では、実際に顧客から依頼される仕事に対応できないため、試験に合格した直後から2、3年は先輩の司法書士事務所で研修するなり、補助者として下積みをする人が多い。

開業する場合、司法書士会が提供する研修会に多く参加してから開業するパターンと、ベテラン司法書士の補助者となって経験をつんでから開業するパターンとある。

私の場合は、最初の3カ月間は友人の事務所で、その後の3カ月間は司法書士会が実施する実務研修により配属された司法書士事務所で研修した。そこで、日々、司法書士が対応する仕事を見ながら、開業に必要なノウハウを学んで、試験合格9カ月後に開業した。

補助者として働くときに大切なことは、司法書士の業務が全般的に見渡せる仕事をすることだ。ただし、お金をもらって仕事をするときには、「勉強させてもらおう」という甘い考えはもたないほうがいい。その事務所で行うことは仕事であって、勉強ではない。知人の事務所で研修させてもらうようなときには、「お金はもらわない」ことも考えるべきである。お金をもらうと研修にならないからだ。

開業を前提に、給与をもらいながら補助者をするときは、1年先に開業すると決めたなら、開業までにこれだけは身につけるという目標をもつことが大事だ。1年たったら事務所を退所するつもりで勤めることが、開業に向けての行動となる。

勤務司法書士――社会経験のない人、営業が苦手な人

勤務司法書士の場合は、大きな司法書士事務所や法律事務所に所属し、その事務所に依頼された仕事を司法書士としてこなすことになる。

この場合、司法書士として仕事はするが、事務所の経営には立ち入らない。

事務所の大規模化、また業務の大量処理の要請により、所長1人では手が回らないので、司法書士の資格をもった人を雇って、司法書士の仕事を分担したいという司法書士が増えてきている。

また、司法書士が簡易裁判所における訴訟代理権を取得できるようになったことから、訴訟業務やクレ・サラ業務の補助として、弁護士が司法書士を雇用するケースも見られるようになった。

最近、都市部では、この勤務司法書士の道を選ぶ人が増えている。これまで、社会経験のない学生だった人や、自分では営業が苦手という司法書士となる資格をもった者が、この道を選択しているようだ。

あくまで、「勤務」なので、収入は月給制となる。事務所によっては、事務所の仕事以外に、自分で仕事をとることができるならその仕事を自分の仕事として処理をし、その収入を自分の収入としていいという事務所もある。

そのような事務所に勤務する司法書士のなかには、クレ・サラ業務の仕事等を自分でとり、副収入を得ている人もいたりする。

企業に勤務する――社内の幅広い業務に関わる

最近、企業をとりまく法律環境は厳しいものになってきている。個人情報の取り扱い、消費者契約法の問題、コンプライアンスの問題などなど、常に企業は法律問題にさらされている。企業としては、企業法務セクションを充実させるために、「法律のわかる人を採用したい」というところが多い。司法書士の資格をもっていれば、そのような企業への就職は有利ということになる。

司法書士の資格をもっていれば、登記の申請のみならず、契約書のチェック、社内規定の問題、対外的法的トラブル処理、会社訴訟の代理人、株主総会の担当、知的財産権など、さまざまな法的問題が発生する場面での出番は多い。

なお、企業に勤務しながら、司法書士として登録できるか否かは不明であるが、司法書士として登記申請をするわけではないから、登録は不要であろう。

会社が直面する幅広い法律業務に関われるのが特徴だろう。会社という組織のなかで、司法書士としての知識を生かして、活躍したい人に向いている。

第5章

合格者は今

司法書士は最高のツール
旅と仕事をダブルで楽しむ

阿部　亮さん

1976年生まれ。北海道の高校を卒業後、20種以上の職業を経験し、2001年、25歳で司法書士試験に合格。2004年、新宿区で「司法書士新宿事務所」を開業。

19歳で世界1周の旅へ

――なぜ、司法書士になろうと思われたのですか。

阿部　19歳の終わりのころ、資格関係の本を読んでいて、「高校卒でも取れる資格である」こと、「平均年収が弁護士より高い」ということを知ったことがきっかけです。

――それで、すぐ、司法書士受験のための勉強を始めたのですか。

阿部　具体的に受験し始めたのは22歳からです。

――それまでは、どんなことをしていたのですか。

阿部　僕は、高校を卒業してから「音楽で食っていく」という夢をもっていたので、大学には進学せず、いろんな職業を経験しました。19歳のころは、自動車工場で働いたり、新聞購読の営業をして、A新聞の神奈川県営業大会で優勝したこともあります。

――その後、世界一周の旅に出られたとか。

阿部　ええ。1年間働いて貯めたお金を持って、北京(中国)、ウルムチ(中国)、東南アジア、インド、パキスタン、中東、アフリカ、ヨーロッパ、アメリカを回ってきました。音楽を中心に、世界中を見てみたかったのです。約1年間、旅に明け暮れました。

営業の基本は「人に好かれること」

――帰国してからは、何をされたのですか。

阿部　1年間はフリーターをして、22歳からは派遣社員として、2ヵ所のケーブルテレビ局で営業を3年間しました。

――そこでも、営業成績がよかったそうですね。

阿部　職場では、常に売上ナンバーワンを維持していました。M電器系列ケーブルテレビ局にいたときは、月間営業成績全国2位をとったこともあります。とにかく、営業には自信があります。

——売上ナンバーワンを維持する秘訣は何ですか。

阿部　やはり、「人に好かれること」ですね。商品を売る場合、最初は言葉をたくさん使いますが、そのうち信頼されてくると、ニコッと笑っただけで買ってもらえるようになります。信頼されればされるほど、どんどんコミュニケーションの短縮技が使えるので、あとはその組み合わせです。「聞き上手」であることも重要ですね。

——すごいですね。そのころ、司法書士の勉強を始めたのですか。

阿部　そうですね。営業の歩合給で稼ぎつつ、勉強もしてという生活です。

受験勉強は過去問を徹底的に

——営業の仕事と司法書士の勉強と、どのように両立させたのですか。

阿部　営業というのは数字さえ取れれば時間的には自由ですから。雇用されているわけですから、本当は自由ではありませんが……（笑い）。でも、基本的に受験のための長期講座は受けたことがないですね。市販の本を買って自分で勉強しました。ただし、1

年目は、2週間に1回の答案練習会を4回受けました。それ以降4回目まで、試験前の5・6・7月は仕事をやめて勉強に専念し、8月に復帰するという生活です。

――4回目に受験した2001年に、25歳で合格されたのですね。そのあと、すぐには開業されなかったのですね。

阿部　ええ。26歳の夏まで会社にいて、27歳の春まで、中国から、チベット、エベレスト・ベースキャンプを越えて、インド、中東、アフリカと回り、イラク戦争開戦前夜に帰国しました。

――受験勉強をする際、大事なことは何だと思いますか。

阿部　いろんな予備校が、いろんなことを言うので、あれもやんなきゃ、これもやんなきゃと思い込まされるのですが、大事なことは過去問を徹底的にやること。20回もやれば覚えてしまいますが、それでも過去問をやることを勧めます。

それと、試験問題を解くときに迷わないこと。条文を、全て空で言えるぐらいにきっちり覚えれば、迷いがなくなります。試験に関しては原理主義でいくべきだと思います。

激戦区新宿で勝ち残りたい

――2004年に開業されたのですが、事務所を新宿に開いたのは、なぜですか。

阿部　事務所も住居も、東京の中心に構えないと東京を味わえないと思いまして。司法書士の数も新宿支部がいちばん多いのですが、激戦区で勝ち残りたいと考えたのです。僕からみると「新宿で開業している司法書士はかっこいい」のです。

――司法書士の資格をとられて、良かったことはどんなことでしょう。

阿部　「自分の思いひとつで存在意義が見い出せる」ということですね。それは、みなが存在意義を探している世の中で、幸せなことだと思います。

司法書士はサラリーマンではないので、自分で仕事を取りにいかないと誰も仕事をくれませんが、僕はもともと営業をしていて、自分を売り込む作業には自信がありますから、その点では、困ることはないですね。

自分が出会う人々のほとんどは、その方の意識の有無にかかわらず、司法書士が提供できるサービスで改善・解決できる諸問題を抱えているような気がします。そういう意味で、この国には、司法書士がその能力を提供できるマーケットが無限に近いぐらい存在しているように思えます。風呂に入っていると、司法書士ビジネスのアイデアが無尽蔵に沸いてくるのです(笑)。

——前の経験も生かされているということですね。

阿部　そうですね。いろんな経験を含めて、司法書士を名乗れるのは素晴らしいことです。それと、世界観が狭くなりがちなサラリーマンからは見えなかったものが、独立独歩で仕事をする司法書士に立ち位置を変えたことで、人間社会の層の厚みや、地平線のその先が見えてきたという面もあります。

独自の「弁護士向けの早期・安価・建物診断サービス」など

——今、取り組まれていることは何ですか。

阿部　一般的な不動産や会社の登記業務、債務整理、裁判業務などは当然として、うちの事務所独自の業務としては「弁護士向けの早期・安価・建物診断サービス」です。

昨今の耐震偽造問題に代表されるように、建築紛争に関する法的サービスの普及を全ての国民が待ち望んでいます。しかし、ひとたび建築紛争が起きた場合、建築の専門家でない弁護士にとっても、依頼を受けた事案の勝訴可能性や、損害賠償額や訴訟の時間および費用の算定など、判断が難しいのが現実です。

そこで、職業柄、不動産業界と法律の両方に詳しい司法書士が、「建築業界（現場技術者、建築家）と法曹界（弁護士、裁判官）の専門知識の相互理解の橋渡しをしましょう」というものです。紛争の早期解決が実現すれば、新しい判例や、行政見解の大量生産が実現し、業界のモラルも向上していくと思います。

他に「マンションの滞納管理費等の回収支援サービス」なども行っております。

マンションの管理費・修繕積立金等は、大規模修繕・建替えに必要不可欠な原資で、その不足はそのままマンションの老朽化、スラム化を意味するといっても過言ではありません。この問題はこの国が抱える大きな問題のひとつです。

しかし、弁護士に頼むと成功報酬が高いのが現実。それならば、「司法書士が安価・定額で滞納管理費等の回収作業を支援しましょう」という単純な発想から生まれました。上記2つのサービスとも、まだ始めて間もないですが、ありがたいことに、新聞に取材されるなどしたおかげで、反響は上々です。

ボランティア的な活動としては、「ホームレス総合相談ネットワーク」というNPOに所属して、多重債務等に苦しむホームレスの法律支援をしています。

また、「司法過疎サポートネットワーク」というNPOにも所属して、伊豆七島や小笠原列島、九州の離島などに行って法律相談にのっています。1回行けば1週間かかる島もありますが、司法書士は自分で時間の管理ができますから、仕事と旅の両方が楽しめます。

——そのほかにも多彩に活躍されているようですね。

阿部　最近の社会問題となっている子どもの安全対策や、市民の災害時の危機管理について、異業種の人が集って研究し、世間にアウトプットしていく「日本危機管理学総研」というシンクタンク的なNPOにも入っています。そんな、いろんな人間が集る場所で、法律の専門家である司法書士がお手伝いできる仕事は少なくありません。司法書士だと名のればそれだけで歓迎してくれて、活躍場所を与えていただけることは大変ありがたいことです。僕にとって、司法書士というのは最高のツールですね。

——今、熱中していることは何ですか。

阿部　小説執筆とサルサです。サルサは、週に1回、六本木で習ってます。南米に行ったとき、踊りたいと。

柔軟性が持ち味の共同事務所経営

松瀬 雅子さん

1970年生まれ。京都のコンサルティング会社勤務を経て、2000年に司法書士試験に合格。2001年に著者と共同で東京・京橋に「日本橋綜合登記事務所」をかまえる。

魅力は「食べられる」資格

――司法書士になる前には、どんなお仕事をされていたのですか。

松瀬　京都で3年間、ベンチャー系のコンサルティング会社に勤務していました。コンサルタントそのものではなくて、地域の金融機関、たとえば「地方銀行」とか「信用金庫」の顧客向け営業ツールをパッケージにして、その販売およびサポートをするという会社です。そこで、営業をしていました。契約をもらっている金融機関さんのサポートをしたり、新しいお客さんの開拓をしたり。楽しかったですよ。

――そこを3年でやめたのは、何か理由があるのですか。

松瀬　出張や土曜日出勤が多く、当時は、会社のこと以外に何もすることができないほどでした。そのときは仕事も楽しくやっていましたが、40歳とか50歳になったとき、同じような生活はできないなと思いました。1年くらい、いろいろ探っていたのですが、そのときに初めて司法書士という資格があることを見つけたのです。それで、「これだったらいいのでは」と思って、会社を辞めて専門学校に通い始めました。

――司法書士のどの部分が、魅力的だったのですか。

松瀬　いわゆる独立資格、「食べられる」資格というところです。大学が法学部だったので司法試験も考えましたが、合格後にまた1年半とかの研修があることを考えると、年齢的にきついかなと。それで、すぐに仕事ができる司法書士のほうにしようと。

――その専門学校は1年間ですか。

松瀬　14カ月講座というのが当時あって、それを受けました。講座を受講するだけでなく、平日の朝9時半から夜の7時くらいまでは学校で勉強すると、自分の生活リズムを決めました。

――それで受験されて、1回で合格したのですか。

松瀬　いえいえ。その間に結婚したりもしましたので、合格したのは4回目です。

「じゃあやってみるか」と共同事務所開設

――2000年に合格されたのですね。開業まではどういう展開だったのですか。

松瀬　1999年に夫が転勤で東京に来たので、私も東京に住んでいたのですが、また転勤があるかもしれないので、東京では「どこかの司法書士事務所に勤めよう」ぐらいの気持ちでした。

ところが、合格後の研修で初瀬に出会ったのです。彼は、研修の後半のあたりでもう開業の準備を始めていました。しかし、そのときは、共同事務所をもつという話は出なかったですね。

研修が終わってから、就職活動でいくつか司法書士事務所に当たったのですが、タイミングが合わなくて決まらなかったんです。そんなときに彼から電話があって、「就職した?」って言うので、「まだ」と言うと、「それじゃ一緒にやらない?」と。「じゃあやってみるか」って感じですね。

——開業は2001年ですね。

松瀬　開業を準備しているときに、知人から抵当権の抹消手続きの依頼をもらったので、慌てて、司法書士会に登録申請をしてというかたちで、バタバタバタバタと仕事を正式に始めた感じです。

——開業当初は、営業をどのようにされたのですか。

松瀬　初瀬がもともと東京で仕事をしていましたから、彼の元職場である銀行などからご紹介を頂くことがほとんどでしたね。所有権の移転、抵当権の設定・抹消など、一般的に不動産登記といわれる仕事です。

——いま担当されている仕事はどういった内容が多いのですか。

松瀬　はじめは不動産登記が多かったのですが、最近は商業登記もかなり増えました。その他に若干、訴訟関係のご相談を受けたり、成年後見もありますね。

優先順位は、第1が家庭

——事務所は一緒、仕事はそれぞれ独立、というかたちですか。

松瀬　共同事務所によっては、仕事は全く別というところもありますが、うちは、一緒にやっています。たとえば、お客さんから問い合わせがあったときに、初瀬にしか分からないとか、松瀬にしか分からないというのは避けたいので、片方が作った書類は必ず違う片方がチェックするというように分担しています。

――初瀬さんが、仕事のパートナーに松瀬さんを選んだポイントはどこだと思いますか。

松瀬　社会人としての実務経験があったので、「即戦力になる」というところでしょうか。それと、開業当初は収入が不安定なので、「家族の生活を支えている立場ではない」ということもあるかもしれません。

――報酬は、どのように分けているのですか。

松瀬　イーブン（半々）です。仕事の分担もなんとなくそうなっているので、自然的に。

――共同事務所のメリットは何ですか。

松瀬　自分のペースでやれるということと、お互いが仕事以外のことで忙しいときにカバーしあえるというところだと思います。

――仕事と家庭、社会生活、そのバランスのとれたライフスタイルが、共同事務所にすることで可能だということですね。

松瀬　私のなかの優先順位は、第一が家庭。仕事をもっても、家庭のペースを乱したくないというのがありましたので、共同というスタイルは合ってます。
仕事はもちろん真剣にかつ一生懸命やりますが、自営業はともすれば「24時間仕事」になりがちです。そこのところを、家庭と両立させることで、時間的にも精神的にもいいペースを保てていると思います。

——それは仕事の仕方のスタイルにつながりますね。

松瀬　開業したとき、私も初瀬も30歳を過ぎ、お互いに社会人としての経験もありましたので、仕事に対しての、自分のペースとかキャパが見えるのです。ですから、それを超えてはどこかにしわよせが来るということもわかっていると思います。

——今後は、どのように展開していきそうですか。

松瀬　「こうでなければいけない」と決めている訳ではないので、先のことは分からないですね。もっとやりたい仕事ができたら、それをやるのもいいかなと思っています。
何かに固執せずに、状況にあわせて今までもやってきましたし、これからもそうしていけばいいと思っています。

企業を「卒業」してから、もう1つの人生を生きる

中溝　浩さん

1935年生まれ。千代田区で「司法書士　中溝事務所」を開業。64歳のとき、最年長合格をはたす。

「私はこれですよ」というものがほしい

——1999（平成11）年に合格され、その年の最年長合格者（64歳）だったということですが、司法書士への受験を決意されたのは、いつごろですか。

中溝　13年前（06年現在）ですね。当時、私はTDKという会社で企画・営業促進部門の部長をしていました。入社27年目で、事業部の経営戦略の中枢で仕事をし、幅広くアレンジャー的に働いていましたが、「私はこれですよ」というものがないなと常々思

っていました。それで「公的な資格に基づく専門性を身につけたい」と思ったのです。

――その資格がなぜ、司法書士だったのですか。

中溝　大学の専門が経済原論で、経理の経験もあり、簿記1級ももち、やれ事業計画だ、やれ販売促進だと毎日、数字と格闘していたので、その延長線上で考えれば、「税理士や公認会計士」が妥当な選択だったかもしれません。しかし、挑戦するなら「今までと違ったことがいい」と。

それと、自分の土地・建物を売ったり買ったりしたときに、不動産手続きのことがわからなかったので、宅建の資格を取ったのですが、そのとき通っていた予備校の隣りの教室で司法書士のクラスが勉強をしていました。

「3年ぐらいやれば受かりそうだ」というので、「じゃあ、私もやってみるか」と。

それが司法書士への勉強の始まりでした。

――当時はどのように勉強したのですか。

中溝　日本不動産専門学院の夜の部へ平日に3回通いました。しかし、仕事は毎日夜8時9時。遅いときは11時でしたから、当然、毎回遅刻で、出張などで欠席することも多かったですね。

――途中で、諦めることは考えませんでしたか。

中溝　最初の9年間は、会社勤めをしながらでしたから、勉強する時間も足りないし、落ちても「ま、いいか」ぐらいの気持ちでした。ただ、通っていた学院に講師で来ていた弁護士、司法書士、大学講師の方々の講義がおもしろくて新鮮でしたから、予備校通いは続けていました。

60歳になったとき、受験で知りあった先輩で64歳の方が、司法書士に合格しました。それが私の勉強への励みになりました。

はじめは元の会社・友人がサポート

――会社を「卒業」後は、どのように勉強されたのですか。

中溝　晴れて自由の身になり、24時間使えるようになりましたので、早稲田法科専門学院に昼間、通学することにしました。合格までの4年間、授業、記述式講座、答練の全て（同じ講座）を4回受講しました。

会社員時代は受験に対しての意気込みが足りなかったことを反省し、13回目のときは「絶対合格する」という決意で、受験票に、筆記試験に合格して口述試験を受けるときに記載すればよい項目を最初から（口述試験まで進むつもりで）詳しく書き込んだのを覚えています。

――独立・開業されるとき、営業はどのようにされたのですか。

中溝　受験を応援してくれた人たちが、商業登記、不動産登記を依頼してくれました。会社員時代、営業促進部長でしたから、その関係で知りあった特約店の社長さんなどからも不動産登記の仕事をいただきました。大学の先輩や友人たちも応援してくれました。5年目をすぎると、リピーターの方からもお話をいただきました。

――事務所をここ（千代田区九段北）に決められたのは、理由があるのですか。

中溝　元の会社が日本橋でしたから、直通で行けますし、自宅からもドアツウドアで40分～50分です。便利ということがいちばんの理由ですね。場所柄、商業登記の依頼があるのもメリットです。

――設備投資にはどのくらいかかりましたか。

中溝　全て込みで400万円ぐらいでしょうか。3年目までは収支トントンでしたが、4～5年目でボチボチ、それをすぎて今はほんの少しですがゆとりが出てきました。

メリットは幅広い社会経験

——会社勤めを「卒業」した後の、64歳の開業ですが、そのメリットはどこでしょう。

中溝　なんと言っても、幅広い社会経験を生かせることでしょう。一般常識も知り、企業関係・ビジネスマンの一般常識も知っているというのは、強みですね。

また、年齢から、若い人に比べて信用度が高いのも事実です。

——司法書士に向いている人があるとすれば、どんな資質をもっている人でしょう。

中溝　几帳面で世話好きの人でしょうね。「町の法律家」という自覚をもって、「弱者の味方、人のためになりたい」というつよい意志のある人。

「人との交渉が苦でない」ということも大事です。ときには、「ノー」と言わなくてはならない場面もありますから。独立心旺盛の人もいいですね。

——これから司法書士をめざす人に、ひとことエールをお願いします。

中溝　これから、定年を迎える団塊世代の方々にエールをおくります。皆様の豊富な社会経験に基づく力をぜひ社会に還元してほしい。

その選択肢が「司法書士」なら、最後まであきらめずに頑張ってください。

「子育ての旬」を楽しんだあとに転職
長年の受験で学んだ商業登記が強み

大戸　早規子さん

1960年生まれ。外資系銀行勤務を経て、2002年、司法書士試験に合格。2005年、東京・千代田区麹町に「大戸司法書士事務所」を開業。

優先順位は母・妻・受験生

――42歳のとき司法書士試験に合格されていますね。何度目の挑戦だったのですか。

大戸　6度目です。1997年から受け始めて、2002年にやっと順番が回ってきたという感じで合格しました。さすがに6回目のときは、「受かっても、受からなくてもこれを最後にしよう」という思いで試験に臨みました。

――子育てをしながらの受験勉強だったそうですね。

大戸　子どもは3人（すべて男）いるのですが、1回目に受けたとき、1番目は小学校6年、2番目と3番目は双子なのですが、2人は2年生でした。ですから、私のなかで優先順位は、母→妻→受験生というものでしたね。

――受験勉強はどのようにされましたか。

大戸　1年目は、ある予備校の通信教育で司法書士の勉強を始めたのですが、テープを聴くだけで何となく勉強した気になって失敗。2年目からはWセミナーの看板講師のT先生に出会い、隔週土曜日に「合格塾」などを受けつつ、平日の週3日、子どもたちが学校に行っている時間を利用して、昼間部のある学校の授業を受けました。

そこで得た最大の収穫は、直接、講師に質問できたことと、励ましあえる仲間を得たことです。通信教育から入った私は常に孤独でした。

自分だけでやっていると情報を取りこぼしたりするので、受験生仲間と情報を交換したり、受験指導機関をうまく利用した方が絶対いいと実感しました。

後半の3年間は、Wセミナーの奨学金制度選抜試験を受けて、8割引・7割引で講義を受け、記述式アレルギーの完治などに取り組みました。

――合格できたときは、それまでの受験のときと何か違いましたか。

大戸　「これが最後なのだから思いっきり楽しんでやろう」という気持ちでリラックスして試験に臨めたことと、8割を目安にバランスよく時間配分できたことでしょうか。

ローン借り換えで司法書士に興味

――司法書士の試験を受けようと思われたのはなぜですか。

大戸　1984年に借りた我家の住宅ローンの金利が高かったので、借り替えをしようかというとき、忙しい夫に代わって私が銀行と折衝をしたのです。その際、抵当権の抹消など、わからないことを担当者に聞いたところ、その人が「司法書士の先生に聞いてからお答えします」という場面がありました。

また、登記費用の領収書（女性の名前でした）を見て、「司法書士って専門的だし、おいしい仕事かも……」と思ったことがきっかけです。

それと、父が不動産をもっていて、それらを賃貸したりしていたので、宅建の勉強をしたらどうかと促され、資格をとったのです。しかし、勉強を始めてみると民法がおもしろくて、次のステップとして司法書士に挑戦しようと思ったのです。

――ほかにも理由はありましたか。

大戸　「家庭があっても続けられる仕事は何か」と考えました。使える時間が比較的自由であって、時間に拘束されない仕事は何かと考えていったとき、「資格を取ることだ」「司法書士の資格を取ろう」と、つながっていったのです。

継続して会社に勤めたというキャリアがない分、「何か付加価値をもたなければダメだろうな」と思ったのも正直なところです。

――家庭に入る前はどんな仕事をされていたのですか。

大戸　1982年にT相互銀行に入行したのですが、どうしても外資系の銀行で働きたかったので、第1志望だったモルガン銀行に自分から「中途採用はありませんか」と働きかけて、面接を経て、93年から勤め始めました。

できるだけ長く勤めるつもりだったのですが、94年に結婚して、妊娠したので、妊娠8カ月までいて辞めました。

「自分たちの子どもは自分たちで育てよう」という夫の言葉に私自身も同感したし、何よりもひとつのことに全力投球するタイプの私には、仕事と育児の両立は無理だと思ったからです。4年後に今度は双子が生まれたので、「10年間は子育ての旬を楽しもう」と腹をすえることができました。いずれはもう1度社会に出て働きたいなと思いながら……。

最初の仕事はクラス会で

――司法書士試験に合格したあとは、どこかに就職したのですか。

大戸　２００２年に合格して、03年の４月に、ある司法書士事務所にアルバイトに行ったのですが、５・６・７月に配属研修という実務研修がありました。それを終えた後、事務所を使わせてもらうかたちで、同じ事務所の中で開業しました。自分で仕事をとって、報酬の何割かと、事務所使用料を毎月定額（低額でしたが）払うということで。03年の12月まで、その形態で仕事をしました。

その後、その事務所が司法書士法人になったので、04年は、そこの社員として勤めました。独立して、現在の場所に事務所を構えたのが05年４月です。

――仕事は最初、どのように確保していったのですか。

大戸　高校のクラス会があったときに、「もうすぐ、司法書士として開業するのでよろしく」と挨拶したのです。すると、「有限会社から株式会社に組織変更したい」という友人がいて、その仕事を任されました。

当時は、日本司法書士会連合会への登録手続き中だったので、勤務していた事務所の先生の名前でいいならということで引き受けました。

独立してまだ日が浅いですが、口コミで仕事をくださった人たちのために、真摯に仕事をして、リピーターになって頂くことを狙っています。

――開業資金はどのようにして貯めたのですか。

大戸　試験に合格してから半年くらいLEC（レック）のスタッフとして働いていたので、そのときの蓄えと結婚前の貯金との200万円を、資本金としました。

商業登記のエキスパートに

――仕事をとる秘訣は何だと思いますか。

大戸　地道に仕事をし、頂いた仕事に対しては丁寧に対応することしかないと思います。1度やると、それが自分のノウハウとなって蓄積されるので、1つひとつの依頼を大事にしたいですね。

――得意な分野はどこですか。

大戸　商業登記（商法関連）が好きです。私が受験勉強をしている6年間は商法が改正ラッシュの時期だったのです。おかげで、かなり真剣に勉強することができました。今、本当に役にたっています。

当時は、「どうして受からないのだろう」という葛藤がありましたが、今思えば、神様が勉強せざるをえない環境をつくってくれたのかなと感謝しています。がらっと変わった「会社法」にも対応していく自信があります。そこで、付加価値をつけられたらいいなと思っています。

――今後はどのように展開されるのですか

大戸　高齢で病気の両親を抱えているので、仕事のことだけを考えられないのが現状です。好きな企業法務関係を扱っているところで修業したいという気持ちもありますが、状況を考えると、まず無理ですね。

でも、企業法務や商業登記に関しては、司法書士の第一人者というべき金子登志雄先生が代表をなさっているESG法務研究会のメンバーとして、先生の執筆原稿の校正や受験問題作成等を通じて、もっともっと会社法を理解して使いこなせるように、今、自分のできることをやりながら力を蓄えようと思っています。同業者との信頼関係を大切にして、同業者にも頼りにされる司法書士になるのが夢です。

勤務司法書士として生きるメリットはリスクがないこと

清水　晶さん（仮名）

1973年、東京生まれ。1999年に司法書士に合格し、2000年からK司法書士事務所に勤務。2004年に日本司法書士会連合会に登録。

更新のない永久資格

――どの段階で司法書士の資格をとろうと思われたのですか。

清水　私は大学がたまたま法学部だったのですが、政治学科だったので、法律の勉強をするとは思わなかったのです。ところが、大学2年の夏休みに、あまりにも暇というか、毎日やることがないときがあったのです。

そのとき、友人が、「在学中に司法書士の資格をとるのは、車でいえばレビンを買うくらいなもの」と言ったんです。レビンは当時300万円くらいでした。

「弁護士の資格になると何千万円という高級なフェラーリだ」なんていう話をして、「じゃあ、司法書士っていうのをやってみようかな」と、あまり内容も知らずに思ったんです。

——それで、すぐ勉強を始めたのですか。

清水　ええ。大学2年の秋くらいから、大学生協でやっている予備校に2ヵ月ぐらい通って、入門講座だけ受けたんです。しかし、その後スキーに興味があったので、結局、その入門講座だけで中断して、スキーのインストラクターとして雪山にこもってしまって。続きは大学3年の春からやったという感じです。

——在学中に試験を受けたのですか。

清水　一応、受けました。しかし、どうにもならない状態ですね。当時は、合格率が2％をきるぐらいの勢いでしたから。

——いろんな資格があるなかで、どうして司法書士を選ばれたのですか。

清水　試験科目の中に論文がなかったからです。私は、「字が汚い」ということと、「たくさん字を書くと、手が痛くなって書けなくなってしまう」ということがありましたので。それと、いったん資格をとると更新のない永久資格なんです。それも司法書士の仕事をしようと思った理由のひとつですね。

5回目の挑戦で合格

――卒業されてから、就職活動はしないで受験勉強を続けたのですか。

清水　はい。卒業1回目でちゃんと受かろうと思って、それこそ必死で勉強しました。でもやっぱり駄目だったですね。

――結果的に、何回目で合格したのですか。

清水　5回目でしたね。たぶん、3回か4回目にはもう合格レベルにあったと自分では思っているのですが。結局、合格したのは1999年、26歳のときです。

――合格するまでは、どのような生活をしていたのですか。

清水　最初の1、2年は自宅で勉強していました。しかし、2回受けて失敗したあとは、アルバイトをしながらの勉強です。

――合格後、すぐにいまのK司法書士事務所に就職したのですか。

清水　合格後の研修を経て2000年の春からですね。

——その事務所を選ばれた理由は何かあるのですか。

清水　今では司法書士会のホームページに求人が掲載されているようですが、当時は、司法書士会に行くと、司法書士の募集が張り出してあったのです。それで、たまたま面接に行って、「じゃあよろしく」と言われて、そのまま勤務しているということです。

——事務所は何人が働いているのですか。

清水　4人です。司法書士は私とKさん。私は2004年に日本司法書士会連合会に登録しましたが、それまでは、司法書士の資格はもっていましたが登録はしていませんでしたので、司法書士はKだけでした。

——どうしてすぐに登録しなかったのですか。

清水　いきなり登録しても、まったく実務経験がないときには、いろいろやってくれと言われても無理がありますから。

リスクがなく、生活のリズムが安定

——司法書士が2人の場合、仕事の分担などはどうされているのですか。

清水　私は勤務司法書士なので、Kの仕事をサポートするかたちになります。Kがお客さんのところに行って仕事をもらってくるなりなんなりとしている間に、私は事務所で書類を作成したり、ときには法務局に行って申請したり。

難しい依頼がくれば、Kと議論しながら、2人で「こういうかたちで登記ができるのだろうか」「こういう先例がある」とか、「こういう質疑応答がある」とか、そういうのを調べながら、「これでいけそうだ」と。2人で結論を出していきます。

――おもにどの分野の仕事が多いのですか。

清水　私たちは8割くらいが金融機関中心です。ですから、必然的に不動産登記が多くなりますね。

――勤務の条件などは、どのようになっているのですか。

清水　事務所との契約は、「法務局が開いている時間だけ勤務する」ということです。ですから、9時～5時の勤務で、土・日、年末年始は休み、年2回のボーナスというところです。でも、定時は5時ですが、5時に終わることはなかなかないですね。

――勤務司法書士のメリットは何でしょう。

清水　「リスクがほとんどない」ことですね。最終的に責任を背負うのは自分の名前でやっているKなので。

それと、休みがきちんと確保できて、生活のリズムが安定します。月曜日から金曜日まで働いて、給料がもらえるということですから。たまに11時とか遅くなるときもありますが、たいてい7時には帰宅しています。

――開業しない場合でも、司法書士の資格をもっていると、就職に有利だというのはありますか。

清水　企業の法務部に行くような人はあったら有利かもしれませんね。また、不動産に興味があって、不動産屋さんに就職する場合でも有利だと思います。

――将来的には、開業しようと思っているのですか。

清水　思っています。入所したときも、最初は、すぐ辞めて開業しようと思っていたんです。ですから「いつ辞めてもいい」という感じでいました。でも、そんな感じで働いていると逆に辞めないいんですよね。

あまり具体的に考えてはいないのですが、最終的には、今の事務所のKと共同事務所にするかもしれません。

司法書士と土地家屋調査士、ダブル資格をもつ

山田 健二さん（仮名）

1976年生まれ。司法書士・土地家屋調査士事務所を友人と共同経営。23歳のとき、3回目の挑戦で司法書士に合格。

ひとつの資格が別の資格の仕事を呼ぶ

「資格があったほうが安心だ」と

――司法書士試験に合格したのは、いつですか。

山田　大学を卒業した年の7月ですね。23歳のときです。

――ということは、大学時代から勉強されていたのですか。

山田　ええ、2年のときに、司法書士予備校のLEC（レック）に通いはじめて、3年のときに初めて受験しました。LECに通ったのはその1年間で、そのあとは模試だけ受けて、3度目に合格しました。

――どうして、そんな早い時期から、司法書士の資格をとろうと思われたのですか。

山田　学生時代にコンビニでアルバイトをしていたのですが、上司と喧嘩して辞めたことがあったのです。そのとき、「サラリーマンになると、自分では上司を選べないので、もし自分と合わなかった場合、こわいものがあるな」と感じたのです。それで、「資格があったほうが安心だ」というぐらいの軽い気持ちから、受験しました。

――土地家屋調査士のほうはいつ、とられたのですか。

山田　司法書士に合格した次の年から司法書士事務所に就職したのですが、登記との関連で、土地や建物の調査のことをよく質問されるので、土地家屋調査士の資格ももっていると便利かなと思って。勉強しはじめると面白いので、まず測量士補の資格をとって、次に土地家屋調査士の資格をとりました。それも23歳のときです。

――そんなに簡単に資格がとれるものなのですか。

山田　文系の人は、理系が苦手という人が多いのですが、僕は、数学や物理など計算系が得意だったので、図面を書いたり、計算をしたりという土地家屋調査士の試験も抵抗がなかったんですね。

調査士7割、司法書士3割

——はじめに勤めた事務所では、どんな仕事をしていたのですか。

山田　僕の場合、最初に登録したのが土地家屋調査士でしたので、建物の登記の手続きなどを担当していました。でも、司法書士の仕事も回してくれるというので、その後で司法書士も登録したのです。

——現在の事務所に移られたのはいつですか。

山田　2005年4月からです。3月までの5年間、前の事務所に勤めていたのですが、土地家屋調査士の仕事をもっとしたいなと思いだしたころ、ちょうど、事務所の取引先の人で、土地家屋調査士の資格をもった人が、「人がいないので来てくれ」ということで、共同事務所にしたのです。

——いま、司法書士と土地家屋調査士の仕事の割合はどれくらいですか。

山田　土地家屋調査士の仕事が7割、司法書士の仕事が3割ぐらいですね。土地家屋調査士の仕事をメインに行って、それに付随した登記などを司法書士としてこなすといったところです。

――司法書士と土地家屋調査士の仕事の違いはどこですか。

山田　司法書士は書類集めが多く、エンドユーザーに会うのは1回のみですが、土地家屋調査士は現場での仕事が多く、人の顔を見ながら仕事をすることが多いです。それと、職人的、技術的な仕事が多いですね。

また、司法書士の仕事は1件が1～3週間と短期で終わることが多いのですが、土地家屋調査士の仕事は、平均して3カ月ぐらいかかるのが普通です。

メリットは、「それじゃ、こっちもお願いします」

――2つの資格をもつメリットは何ですか。

山田　たとえば、土地家屋調査士として仕事をしていて、お客さんとの信頼関係ができたとき、司法書士の資格ももっていることがわかると、土地の相続に関する登記を依頼されたりします。2つの資格は関連性があるので、「それじゃ、こっちもお願いします」ということは多いですね。

それと、「2つの資格それぞれの人脈をもっている」ことでしょうか。

また、司法書士は事務所で仕事をすることが多いですが、土地家屋調査士は現場が多いですから、2つの仕事はそれぞれの仕事の気分転換になります。バランスがとれていいですね。

——報酬に違いはありますか。

山田　一概には言えませんが、アバウトに言えば、司法書士の仕事は短期で1件10万円ぐらい、土地家屋調査士の仕事は長期で100万円ぐらいです。ただ、司法書士の仕事はスパンが短いので多くこなすことができますが、土地家屋調査士の仕事は基本的にはスパンが1年と長いので、それほど多くはこなせないですね。

——仕事をするとき、大事にしていることは何ですか。

山田　司法書士の場合は、なるべく「話を1回で終らせる」ことです。何度も聞き返したりしていると、相手が不安になると思うので、資料などをまとめておいて、1回で納得してもらうように心がけています。

土地家屋調査士の場合は、調査をするときに「聞き漏らしをしない」ということ。

そうしないと、あとで、「こういうことだったんだ」と、後手に回ることになりますから。

――サラリーマンと違って、時間は自由に使えますか。

山田　それが、なかなか時間がとれないですね。大学時代の友人とサッカーの同好会をつくっているのですが、今は2週間に1回しか参加できない有様です。

　測量の仕事は土曜日が多く、日曜日も出ることがありますから。盆・正月など、世間が休むときは休むようにしていますが。

――さらに、資格をとるとしたら、何の資格をとりますか。

山田　行政書士ですね。仕事がらみで需要の多い、「農地転用の許可書」がとれるのが行政書士ですから。

――今後の仕事はどのようにされていくのですか。

山田　今は過渡期で、「境界明示」などの仕事が多いので、土地家屋調査士を中心にしながら、それに関連した司法書士の仕事をこなすということですね。

　10年後、20年後は未定です。

参考資料

司法書士受験に役立つ本

現在の司法書士の業務を知るには

『司法書士の新展開』（江藤价泰編　日本評論社）

司法書士受験のモチベーションを維持するためにも、現在の司法書士の問題意識を知っておこう。

『動く不動産』（姉小路祐　角川文庫）

司法書士が活躍する推理小説

『ナニワ金融道』（青木雄二　講談社コミック）

ドラマ化までされた有名なコミック。司法書士は登記手続きに関わる士業としてところどころ出没する。

受験の参考書として

まずは、受験科目のテキスト（受験予備校が出している本等）を理解する。余裕があれば、以下の文献も参考に。読めば司法書士試験に役立つだろう。

■法律全般として

『法律学習マニュアル』（弥永真生　有斐閣）

法律の学習を始める人のための本。法学部に入学した学生のためであるが、司法書士試験にも役立つ。

■憲法

『憲法判例百選』（別冊ジュリスト／有斐閣）

判例は、判例付六法だけで見るのではなく、事案と判決文を読むと理解が深まる。

■民法

『民法判例百選』（別冊ジュリスト／有斐閣）

学説問題を解くときには参考になる。

『スタートライン債権法』（池田真朗　日本評論社）

民法の債権分野が非常にわかりやすく書かれている。ぜひ、一読を。

『民法ノート物権法』（鎌田薫　日本評論社）

物権法の最新学説が理解できる。

■刑法

『刑法判例百選』（別冊ジュリスト／有斐閣）

近年出題されることもある学説問題に対応できるようになる。

■商法

「日本経済新聞」

会社法の勉強をする上で、会社についての知識が必要であるが、日本経済新聞を読むことで、このような知識を得ることができる。

『株式会社法』（江頭憲治郎　有斐閣）

立法に関わった学者の書いた本である。辞書代わりに使用しよう。

■民事訴訟法

『よくわかる民事裁判 平凡吉訴訟日記』（山本和彦　有斐閣選書）

民事訴訟が非常によくわかる一冊。わかりにくい民事訴訟法が霧が晴れるようになる。

■不動産登記法

『わかりやすい不動産登記の申請手続』（日本法令不動産登記研究会編／日本法令）

不動産登記の申請について具体的イメージをもつと理解が深まる。これを読めば実際の不動産登記申請ができる。

■商業登記法

会社設立に関する本

商業登記申請に一度も携わったことがない人は、「自分でする会社設立の本」がたくさん出ているので、とくに司法書士が著者である文献を読んでみてほしい。

■司法書士法

『注釈 司法書士法』（河合芳光・小林昭彦　テイハン）

改正後の司法書士法を立法担当者が書いたもの。ここまで読まなくても、司法書士法は条文だけで十分であるが、試験合格後にも必要となる一冊。

参考資料

司法書士に合格したら読む本

■司法書士として

『司法書士倫理』（司法書士倫理研究会編／日本加除出版）

簡易裁判所代理権取得後の司法書士の倫理を詳しく解説した一冊。司法書士の登録をする前にぜひ読んでおこう。

■不動産登記

『不動産登記書式精義』（香川保一編著／テイハン）

法務局での不動産登記は原則としてこの本を基準として行われている。開業するためにも、ぜひ購入を勧める。

『登記研究』（テイハン）

月刊誌であり、通達のみならず、登記行政に関する質疑応答も掲載されている。不動産登記を業務の中心にと考えている合格者は、ぜひ購読しよう。

『不動産登記のQ&A180選』（日本法令不動産登記研究会編／日本法令）

実務における疑問点に答えてくれる1冊。

『登記識別情報と立会いの実務』（群馬青年司法書士協議会編／民事法研究会）

群馬青年司法書士協議会による不動産登記オンライン時代の司法書士の立会いのあり方を提言した1冊。

■商業登記

『商業登記書式精義』（登記研究編集室編／テイハン）

不動産登記書式精義と同様に、開業する際には、必ずそろえよう。

『旬刊 商事法務』（商事法務研究会）

商業登記を専門におきたいと考える合格者はぜひ購読しよう。会社法の最前線に触れることができる。

■裁判業務・クレサラ業務

『簡裁消費者訴訟の実務』（全国青年司法書士協議会編／民事法研究会）

司法書士の中でもクレサラ業務を中心にしている者（全国青年司法書士協議会のメンバー）が中心となり執筆している本。ぜひ、参考にしてもらいたい。

『実践簡裁民事訴訟』（全国青年司法書士協議会編／民事法研究会）

全国青年司法書士協議会のメンバーが書いているので、裁判業務をしたいと考えている人は一読を。

■成年後見

『ガイドブック 成年後見制度』（社団法人成年後見センター・リーガルサポート監修／法学書院）

司法書士が社員となって運営されている「社団法人成年後見センター・リーガルサポート」が関与している1冊。

『実践成年後見』（社団法人成年後見センター・リーガルサポート責任編集／民事法研究会）

社団法人成年後見センター・リーガルサポートが責任編集している、成年後見に関する最新情報が得られる雑誌。

参考資料

予備校便覧

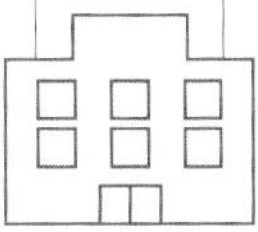

全国展開している受験予備校

■早稲田セミナー

東京本校　〒１６９－８６７０　新宿区高田馬場２－１６－３

電話　０３－３２０８－６６４０

■日本司法学院

東京事務局　〒１０１－００３２　千代田区岩本町１－５－５　司法ビル

電話　０３－３８６２－３８６６

■ＬＥＣ

コールセンター　フリーダイヤル　０１２０－３５－５００５

携帯電話・ＰＨＳの場合　０３－５９１３－６００１

■伊藤塾

東京本校　〒150-0031　渋谷区桜丘町17-5

電話　03-3780-1717

■東京法経学院

東京本校　〒169-8505　新宿区百人町2-8-5

電話　03-3371-2741

■辰巳法律研究所

東京本校　〒169-0075　新宿区高田馬場4-3-6

電話　03-3360-3371

■クレアールアカデミー

水道橋校　〒101-0065　千代田区西神田2-7-13

電話　0120-59-4153

■大原簿記学校

〒101-8531　千代田区西神田2-4-11

電話　03-3237-8711

各地にある受験予備校

■早稲田法科専門学院

〒169-0075　東京都新宿区高田馬場2-19-7
タックイレブンビル610
電話　03-3200-5729

■司法書士受験塾 isis（アイシス）

〒556-0011　大阪市浪速区難波中1丁目13-5
TAIYOビル5F
電話　06-6641-8800

平成19年度司法書士試験受験案内書

法　務　省

この試験は，司法書士法第６条の規定に基づいて行われるものです。詳細は，司法書士法並びに同法施行令及び同法施行規則を参照してください。

なお，この案内書について不明な点がありましたら，§８の表に掲げてある**法務局又は地方法務局の総務課**にお問い合わせください。

§１　受験資格

この試験は，年令，性別，学歴等に関係なく，だれでも受験することができます。

§２　受験申請手続及び受付期間等

1．受験申請書等用紙の請求先

§８の表に掲げてあるいずれの法務局又は地方法務局の総務課でも交付を受けることができます。

郵便により請求する場合には，封筒の表に「司法書士請求」と朱書きした上，返送用として郵便番号，住所及び氏名を記載し，郵便切手（80円）をはった定形の郵便封筒を同封してください。

2．提出書類等

(1) 司法書士試験受験申請書(1)，同(2)，写真票及び筆記試験受験票（ただし，平成18年度の司法書士試験の筆記試験合格者であって今回の筆記試験の免除を受けようとする受験者（以下「筆記試験免除申請者」といいます。）は，筆記試験受験票への記入は不要です。）

(2) 受験手数料6,600円（収入印紙で納付）

（注）1．収入印紙は，受験申請書(2)の所定の欄にはりつけてください。

2．受験手数料は，受験しなかった場合でも返還しません。

(3) 写　　真

脱帽して正面から上半身を写した背景のない写真（申請前３か月以内に撮影したもの，大きさ縦５ cm，横５ cm）を写真票の所定の欄に完全にはりつけてください。

なお，受験時に眼鏡を使用する受験者は，必ず眼鏡を着用した写真をはりつけてください。

(4) 筆記試験免除申請者についてその資格を証する書面

筆記試験免除申請者は，平成18年度の筆記試験合格通知書原本とその写し１通を受験申請書に添付してください。なお，郵送により申請する場合には，郵便番号，住所及び氏名を記載し，郵便切手（書留料金を含む。）をはった原本返送用の封筒を同封してください。

3．受験申請受付期間

平成19年５月７日（月曜日）から５月18日（金曜日）まで（土曜日及び日曜日を除く。）の午前８時30分から正午まで及び午後１時から午後５時15分まで

なお，郵送による申請は，５月18日までの消印のあるものに限り，受け付けます。

（注）筆記試験免除申請者も，同期間内に申請してください。

4．受験申請書類の提出先等

(1) 筆記試験を受験しようとする試験場の所在地（受験地）を管轄する法務局又は地方法務局の総務課（§８の表参照）に提出してください。申請に当たっては，申請者に都合の良い受験地を選んでください。

(2) 筆記試験免除申請者は，口述試験を受験しようとする試験場の所在地（受験地）を管轄する法務局（§８の表中，○印の付された管区法務局）の総務課に提出してください。申請に当たっては，申請者に都合の良い受験地を選んでください。

(3) 受験申請書の受付後は，受験地の変更は認めません。

(4) 受け付けた受験申請書は，返還しません。

(5) 郵送により申請する場合には，封筒の表に「司法書士受験」と朱書きした上，筆記試験受験票（はがき）に郵便番号，住所及び氏名を記載して，郵便切手（50円）をはり，必ず書留郵便で送付してください。

(6) 受験申請書に記載する氏名及び生年月日は，戸籍に記載されているとおり正確に記入してください（受験申請書(2)裏面の「記入に当たっての注意事項」参照）。

(7) 筆記試験受験票が到着しない場合には，念のため受験申請書類を提出した法務局又は地方法務局の総務課に問い合わせてください。

(8) 受験申請書の受付後に住所等に変更があった場合には，直ちに受験申請書を提出した法務局又は地方法務局の総務課にその旨を申し出てください。

(9) 身体の機能に著しい障害のある方については，障害の状況により必要な範囲で措置を講じることがありますので，受験の申請に先立ち，筆記試験を受験しようとする試験場の所在地（受験地）を管轄する法務局又は地方法務局の総務課まで御相談ください。

§3　筆記試験の期日及び時間割等

1. 期　　　日　平成19年7月1日（日曜日）

2. 試 験 の 内 容

(1) 憲法，民法，商法（会社法その他の商法分野に関する法令を含む。）及び刑法に関する知識

(2) 不動産登記及び商業（法人）登記に関する知識（登記申請書の作成に関するものを含む。）

(3) 供託並びに民事訴訟，民事執行及び民事保全に関する知識

(4) その他司法書士法第3条第1項第1号から第5号までに規定する業務を行うのに必要な知識及び能力

3. 試験の時間割等

	時　　間	試 験 の 内 容
試験場集合時刻	午前9時	
午前の部	午前9時30分から午前11時30分まで	上記2.(1)
午後の部	午後1時から午後4時まで	上記2.(2)から(4)まで

4. 試験の方法，配点及び合格判定の方法

(1) 午前の部の試験（上記2.(1)）及び午後の部の試験のうち上記2.(3)及び(4)については多肢択一式により，午後の部の試験のうち上記2.(2)については多肢択一式及び記述式により，それぞれ実施します。

(2) 午前の部の試験及び午後の部の試験の多肢択一式問題は，それぞれ35問で105点満点，午後の部の試験の記述式問題は，2問で52点満点です。

(3) 午前の部の試験の多肢択一式問題，午後の部の試験の多肢択一式問題又は午後の部の試験の記述式問題の各成績のいずれかがそれぞれ一定の基準点に達しない場合には，それだけで不合格とします。

5. 試　　験　　場

法務局又は地方法務局（§8の表参照）ごとに，それぞれの局が指定した場所（筆記試験受験票に記載されます。）で行います。指定された試験場以外の試験場では受験することができません。

6. 携　　行　　品

(1) 筆記試験受験票

(2) 筆記具（黒インクの万年筆又はボールペン（インクがプラスチック消しゴムで消せるものは不可。），鉛筆（HB），プラスチック消しゴム）

（注）1. 筆記具以外の器具，六法全書その他の図書の使用は認めません。
ただし，問題検討のため，問題用紙に限りラインマーカー又は色鉛筆の使用を認めます。

2. 多肢択一式用答案用紙への解答の記載は，鉛筆（HB）に限ります。それ以外の筆記具を使用した場合には，採点されません。

3. 記述式用答案用紙への解答の記載は，万年筆又はボールペン（いずれも黒色のインクに限る。ただし，インクがプラスチック消しゴムで消せるものは不可。）に限ります。それ以外の筆記具を使用した場合には，採点されません。

4. 試験場内では，携帯電話の使用はできません。

5. 試験場内では，耳栓の使用はできません。

7. 筆記試験の結果発表

(1) 受験地を管轄する法務局又は地方法務局において，平成19年9月26日（水曜日）の午後4時にその受験地で受験して合格した者について掲示して行うほか，管区法務局（§8の表中，○印の付された法務局）から，直接，本人に対し筆記試験合格通知書を発送して行います。この合格通知書は，口述試験受験票となります。また，同日の午後4時に，法務省ホームページ（http://www.moj.go.jp/）にも合格者の受験番号を掲載します。

なお，筆記試験の合格を受験地での掲示又は法務省ホームページへの掲載により確認したにもかかわらず，合格通知書が10月3日（水曜日）までに到着しない場合には，管区法務局の総務課まで問い合わせてください。

(2) 筆記試験合格者については，更に口述試験を実施し，合否を決定します。口述試験の日時等については，§4を参照してください。

8. お 知 ら せ

(1) 試験問題は，試験時間終了後，持ち帰ることができます。ただし，途中で退出する場合には，持ち帰ることができません。

なお，試験問題の内容についての照会には，一切応じません。

(2) 筆記試験の結果発表の際に，多肢択一式試験については正解を，記述式試験については出題の趣旨を公表します。

なお，公表した内容についての照会には，一切応じません。

(3) 筆記試験について，希望者に対して成績通知を実施します。

なお，試験の採点結果に関する照会には，一切応じません。

§4　口述試験の日時等

1．日　　　　時

平成19年10月９日（火曜日）（なお，時間は，口述試験受験票に記載されます。）

2．試　験　範　囲

§3，2．に掲げる事項について行います。

3．試　　験　　場

管区法務局（§８の表中，○印の付された法務局）ごとに，それぞれの局が指定した場所（口述試験受験票に記載されます。）で行います。指定された試験場以外の試験場では受験することができません。

4．携　　行　　品

口述試験受験票及び筆記具（黒インクの万年筆又はボールペン）

なお，筆記試験免除申請者の口述試験受験票は，筆記試験の結果発表後，受験申請書類を提出した法務局から本人に対して発送しますが，口述試験受験票が10月３日（水曜日）までに到着しない場合には，当該法務局の総務課まで問い合わせてください。

§5　法令等の適用日

筆記試験及び口述試験の解答に当たり適用すべき法令等は，平成19年４月１日（日曜日）現在において施行されているものとします。

§6　最終合格者の発表

1．最終合格者の発表は，平成19年10月30日（火曜日）の午後４時に，合格者の受験番号及び氏名を筆記試験の受験地を管轄する法務局又は地方法務局に掲示して行うほか，同日の午後４時に，法務省ホームページ（http://www.moj.go.jp/）に合格者の受験番号を掲載します（筆記試験免除申請者の最終合格者の発表は，口述試験の受験地を管轄する法務局になります。）。また，11月16日（金曜日）に最終合格者の受験番号及び氏名を官報に公告します。

なお，本人には司法書士試験合格証書を交付します。

2．今回の筆記試験に合格した者は，その申請によって次回（平成20年度）の司法書士試験の筆記試験が免除されます。

3．試験の採点結果に関する照会には，一切応じません。

§7　そ　の　他

1．試験当日は，試験場において，試験に関する種々の注意，指示等がありますので，必ず，試験開始時刻の30分前までに，試験場の所定の席に着席してください。

2．試験開始時刻に遅れた場合には，遅刻時間の長短及び理由のいかんにかかわらず，受験することができません。

3．試験場における注意事項を厳守し，その他の事項については，係官の指示に従ってください。

§8　法務局及び地方法務局の所在地等

	局　　名	管轄区域	所　在　地	郵便番号	電話番号
	○東京法務局	東京都	東京都千代田区九段南１－１－15　九段第２合同庁舎	102－8225	(03)5213 1323
	横浜地方法務局	神奈川県	横浜市中区北仲通５－57　横浜第２合同庁舎	231－8411	(015)641－7423
東	さいたま　〃	埼玉県	さいたま市浦和区高砂３－16－58　さいたま法務総合庁舎	330　8513	(048)863－2212
	千　葉　〃	千葉県	千葉市中央区中央港１－11－３	260－8518	(013)302　1311
京	水　戸　〃	茨城県	水戸市北見町１－１　水戸地方法務合同庁舎	310－0061	(029)227－9911
	宇都宮　〃	栃木県	宇都宮市小幡２－１－11	320　8515	(028)623－0911
管	前　橋　〃	群馬県	前橋市大手町２－10－５	371－8535	(027)221－4466
	静　岡　〃	静岡県	静岡市葵区追手町９－50　静岡地方合同庁舎	420－8650	(054)251－3557
内	甲　府　〃	山梨県	甲府市北口１－２－19　甲府地方合同庁舎	400　8520	(055)252－7151
	長　野　〃	長野県	長野市旭町1108	380－0846	(026)235－6611
	新　潟　〃	新潟県	新潟市西大畑町5191　新潟法務総合庁舎	951－8504	(025)222　1561
	○大阪法務局	大阪府	大阪市中央区谷町２－１－17　大阪第２法務合同庁舎	540－8544	(06)6942－1486
大	京都地方法務局	京都府	京都市上京区荒神口通河原町東入上生洲町197	602　8577	(075)231－0148
阪	神　戸　〃	兵庫県	神戸市中央区波止場町１－１　神戸第２地方合同庁舎	650－0012	(078)392　0461

管内	奈　良　〃	奈良県	奈良市高畑町552	630－8301	(0742)23－5534
	大　津　〃	滋賀県	大津市京町３－１－１	520－8516	(077)522－4671
	和歌山　〃	和歌山県	和歌山市二番丁２　和歌山地方合同庁舎	640－8552	(073)422－5131
名古屋管内	○名古屋法務局	愛知県	名古屋市中区三の丸２－２－１　名古屋合同庁舎第１号館	460－8513	(052)952－8175
	津地方法務局	三重県	津市丸之内26－８　津合同庁舎	514－8503	(059)228－4191
	岐　阜　〃	岐阜県	岐阜市金竜町５－13	500－8729	(058)245－3182
	福　井　〃	福井県	福井市春山１－１－54　福井春山合同庁舎	910－8504	(0776)22－5090
	金　沢　〃	石川県	金沢市新神田４－３－10　金沢新神田合同庁舎	921－8505	(076)292－7813
	富　山　〃	富山県	富山市牛島新町11－７　富山合同庁舎	930－0856	(076)441－0550
広島管内	○広島法務局	広島県	広島市中区上八丁堀６－30	730－8536	(082)228－5697
	山口地方法務局	山口県	山口市中河原町６－16　山口地方合同庁舎２号館	753－8577	(083)922－2295
	岡　山　〃	岡山県	岡山市南方１－３－58	700－8616	(086)224－5656
	鳥　取　〃	鳥取県	鳥取市東町２－302　鳥取第２地方合同庁舎	680－0011	(0857)22－2191
	松　江　〃	島根県	松江市母衣町50　松江法務合同庁舎	690－0886	(0852)32－4200
福岡管内	○福岡法務局	福岡県	福岡市中央区舞鶴３－９－15	810－8513	(092)721－9398
	佐賀地方法務局	佐賀県	佐賀市城内２－10－20	840－0041	(0952)26－2149
	長　崎　〃	長崎県	長崎市万才町８－16	850－8507	(095)826－8127
	大　分　〃	大分県	大分市城崎町２－３－21	870－0045	(097)532－3161
	熊　本　〃	熊本県	熊本市大江３－１－53　熊本第２合同庁舎	862－0971	(096)364－2145
	鹿児島　〃	鹿児島県	鹿児島市鴨池新町１－２	890－8518	(099)259－0667
	宮　崎　〃	宮崎県	宮崎市旭２－１－18	880－8513	(0985)22－5124
	那　覇　〃	沖縄県	那覇市樋川１－15－15　那覇第１地方合同庁舎	900－8544	(098)854－7951
仙台管内	○仙台法務局	宮城県	仙台市青葉区春日町７－25	980－8601	(022)225－5611
	福島地方法務局	福島県	福島市霞町１－46　福島合同庁舎	960－8021	(024)534－1941
	山　形　〃	山形県	山形市緑町１－５－48　山形地方合同庁舎	990－0041	(023)625－1343
	盛　岡　〃	岩手県	盛岡市内丸７－25　盛岡合同庁舎	020－0023	(019)624－1141
	秋　田　〃	秋田県	秋田市山王７－１－３	010－0951	(018)862－6531
	青　森　〃	青森県	青森市長島１－３－５　青森第２合同庁舎	030－8511	(017)776－6231
札幌管内	○札幌法務局	もよりの法務局等におたずねください。	札幌市北区北８条西２－１－１　札幌第１合同庁舎	060－0808	(011)709－2311
	函館地方法務局		函館市新川町25－18　函館地方合同庁舎	040－8533	(0138)23－7511
	旭　川　〃		旭川市花咲町４－2272	070－8645	(0166)53－2311
	釧　路　〃		釧路市幸町10－３	085－8522	(0154)31－5010
高松管内	○高松法務局	香川県	高松市丸の内１－１　高松法務合同庁舎	760－8508	(087)821－6191
	徳島地方法務局	徳島県	徳島市徳島町城内６－６　徳島地方合同庁舎	770－8512	(088)622－4171
	高　知　〃	高知県	高知市小津町４－30	780－8509	(088)822－3331
	松　山　〃	愛媛県	松山市宮田町188－６　松山地方合同庁舎	790－8505	(089)932－0888

法務省ホームページ（http://www.moj.go.jp/）の「資格・採用試験」のページより

司法書士の都市部集中度

（2007年1月1日現在　司法書士18,443名、司法書士法人196法人）

会　名	郵便番号	住　所	電話番号	個人会員数	法人会員数
札幌司法書士会	060-0042	札幌市中央区大通西13-4	011-281-3505	371	2
函館司法書士会	040-0033	函館市千歳町21-13桐朋会館内	0138-27-0726	48	0
旭川司法書士会	070-0901	旭川市花咲町4	0166-51-9058	69	0
釧路司法書士会	085-0833	釧路市宮本1-2-4	0154-41-8332	92	1
宮城県司法書士会	980-0821	仙台市青葉区春日町8-1	022-263-6755	272	1
福島県司法書士会	960-8022	福島市新浜町6-28	024-534-7502	283	2
山形県司法書士会	990-0041	山形市緑町1-4-35	023-623-7054	169	0
岩手県司法書士会	020-0015	盛岡市本町通2-12-18	019-622-3372	160	0
秋田県司法書士会	010-0951	秋田市山王6-3-4	018-824-0187	126	0
青森県司法書士会	030-0861	青森市長島3-5-16	017-776-8398	128	0
東京司法書士会	160-0003	新宿区本塩町9-3司法書士会館2F	03-3353-9191	2,736	44
神奈川県司法書士会	231-0024	横浜市中区吉浜町1	045-641-1372	784	19
埼玉司法書士会	330-0063	さいたま市浦和区高砂3-16-58	048-863-7861	678	5
千葉司法書士会	261-0001	千葉市美浜区幸町2-2-1	043-246-2666	564	17
茨城司法書士会	310-0063	水戸市五軒町1-3-16	029-225-0111	286	1
栃木県司法書士会	320-0848	宇都宮市幸町1-4	028-614-1122	209	0
群馬司法書士会	371-0023	前橋市本町1-5-4	027-224-7763	294	1
静岡県司法書士会	422-8062	静岡市駿河区稲川1-1-1	054-289-3700	423	4
山梨県司法書士会	400-0024	甲府市北口1-6-7	055-253-6900	133	0
長野県司法書士会	380-0872	長野市妻科399	026-232-7492	357	0
新潟県司法書士会	951-8063	新潟市古町通十三番町5160	025-228-1589	304	4
愛知県司法書士会	456-0018	名古屋市熱田区新尾頭1-12-3	052-683-6683	958	10
三重県司法書士会	514-0036	津市丸之内養正町17-17	059-224-5171	261	1
岐阜県司法書士会	500-8114	岐阜市金竜町5-10-1	058-246-1568	344	1
福井県司法書士会	910-0019	福井市春山1-1-14福井新聞さくら通りビル2F	0776-30-0001	137	1
石川県司法書士会	921-8013	金沢市新神田4-10-18	076-291-7070	182	0
富山県司法書士会	930-0008	富山市神通本町1-3-16エスポワール神通3F	076-431-9332	162	0
大阪司法書士会	540-0019	大阪市中央区和泉町1-1-6	06-6941-5351	1,960	33

会　名	郵便番号	住　　所	電話番号	個人会員数	法人会員数
京都司法書士会	604-0973	京都市中京区柳馬場通夷川上ル5-232-1	075-241-2666	475	6
兵庫県司法書士会	650-0017	神戸市中央区楠町2-2-3	078-341-6554	871	9
奈良県司法書士会	630-8325	奈良市西木辻町320-5	0742-22-6677	187	1
滋賀県司法書士会	520-0056	大津市末広町7-5滋賀県司調会館2F	077-525-1093	170	1
和歌山県司法書士会	640-8145	和歌山市岡山丁24番地	073-422-0568	159	0
広島司法書士会	730-0013	広島市中区八丁堀3-8	082-221-5345	442	7
山口県司法書士会	753-0048	山口市駅通り2-9-15	083-924-5220	250	1
岡山県司法書士会	700-0816	岡山市富田町2-9-8	086-226-0470	303	6
鳥取県司法書士会	680-0022	鳥取市西町1-314-1	0857-24-7013	106	1
島根県司法書士会	690-0884	松江市南田町26	0852-24-1402	122	0
香川県司法書士会	760-0022	高松市西内町10-17	087-821-5701	169	0
徳島県司法書士会	770-0808	徳島市南前川町4-41	088-622-1865	157	0
高知県司法書士会	780-0928	高知市越前町2-6-25高知県司法書士会館	088-825-3131	120	1
愛媛県司法書士会	790-0062	松山市南江戸1-4-14	089-941-8065	249	1
福岡県司法書士会	810-0073	福岡市中央区舞鶴3-2-23	092-714-3721	745	6
佐賀県司法書士会	840-0833	佐賀市中の小路7-3	0952-29-0626	114	1
長崎県司法書士会	850-0032	長崎市興善町4-1興善ビル8F	095-823-4777	159	0
大分県司法書士会	870-0045	大分市城崎町2-3-10	097-532-7579	171	1
熊本県司法書士会	862-0971	熊本市大江4-4-34	096-364-2889	323	4
鹿児島県司法書士会	890-0064	鹿児島市鴨池新町1-3司調センタービル3F	099-256-0335	287	2
宮崎県司法書士会	880-0803	宮崎市旭1-8-39-1	0985-28-8538	169	1
沖縄県司法書士会	900-0006	那覇市おもろまち4-16-33	098-867-3526	205	0
合　　計				18,443	196

都市部（東京・神奈川・千葉・埼玉・愛知・大阪・京都・兵庫）　9,026名
割合　48.94％

■ 弁護士の都市部集中度

（2006年7月1日現在）

弁護士会	会員	（内女性）	外国特別会員	準会員	沖縄特別会員
東京	5,080	765	36	0	0
第一東京	3,039	520	81	2	0
第二東京	3,107	537	122	1	0
横浜	885	127	3	0	0
埼玉	396	42	0	0	0
千葉県	366	49	0	0	0
茨城県	131	13	0	0	0
栃木県	110	9	0	0	0
群馬	153	9	0	0	0
静岡県	253	26	1	0	0
山梨県	68	3	0	0	0
長野県	133	11	0	0	0
新潟県	160	8	0	0	0
大阪	3,062	399	8	0	0
京都	403	59	0	0	0
兵庫県	514	69	0	0	0
奈良	106	14	0	0	0
滋賀	72	7	0	0	0
和歌山	84	4	0	0	0
愛知県	1,060	142	4	0	0
三重	88	6	0	0	0
岐阜県	107	8	0	0	0
福井	55	4	1	0	0
金沢	102	13	0	0	0
富山県	61	2	0	0	0
広島	319	25	0	0	0
山口県	92	5	0	0	0
岡山	206	19	0	0	0

弁護士会	会員	（内女性）	外国特別会員	準会員	沖縄特別会員
鳥取県	38	2	0	0	0
島根県	36	5	0	0	0
福岡県	702	86	0	0	0
佐賀県	55	4	0	0	0
長崎県	89	5	0	0	0
大分県	85	4	0	0	0
熊本県	146	8	0	0	0
鹿児島県	94	4	0	0	0
宮崎県	65	6	0	0	0
沖縄	198	10	1	1	11
仙台	260	37	0	0	0
福島県	102	6	0	0	0
山形県	63	1	0	0	0
岩手	65	6	0	0	0
秋田	55	7	1	0	0
青森県	51	3	0	0	0
札幌	411	38	0	0	0
函館	31	1	0	0	0
旭川	38	4	0	0	0
釧路	43	4	0	0	0
香川県	99	5	0	0	0
徳島	58	2	0	0	0
高知	60	7	0	0	0
愛媛	107	5	0	0	0
合　計	23,163	3,155	258	4	11

都市部　17,912名（東京・神奈川・千葉・埼玉・愛知・大阪・京都・兵庫）
割合　77.33％

初瀬 智彦（はつせ ともひこ）プロフィール

1964（昭和39）年生まれ。大学卒業後、銀行勤務を経て、2000（平成12）年、司法書士試験合格。2001（平成13）年、司法書士開業、現在に至る。共著に『新会社法による商業登記法改正のポイント』（新日本法規）、『3時間でできるオンライン商業登記申請』（セルバ出版）などがある。

誰でもわかるシリーズ

ズバリ！ 司法書士 合格から開業まで

2007年7月31日 第1刷発行

著 者 初瀬智彦

発行者 南 節子

発行所 ㈱労働教育センター

〒101-0003

東京都千代田区一ツ橋2-6-2 日本教育会館

TEL.03-3288-3322 FAX.03-3288-5577

デザイン：㈱エムツーカンパニー

編集：古庄 弘枝

カバーデザイン：金子 眞枝

イラスト：火露絵